AF545451

Olaf Berger mit Michael Seidel

Es kommt so oder so

Olaf Berger, geboren 1963 in Dresden, entstammt einer Musikerfamilie und erlernte das musikalische Handwerkszeug von der Pike auf. Nachdem er zunächst eine Ausbildung zum KFZ-Mechaniker absolviert hatte, stieg er als Gitarrist und Sänger in die Band seines Vaters, *Die Virginias,* ein und machte so sein leidenschaftliches Hobby zu seinem Beruf. 1985 trat er als Solist beim Nachwuchswettbewerb »Goldener Rathausmann« in Dresden auf. Es folgten erste Fernsehauftritte, und 1987 erschien sein Debütalbum *Es brennt wie Feuer* bei AMIGA, für das er mit dem Schallplattenpreis »Goldene Amiga« ausgezeichnet wurde. Als ihm Dieter Thomas Heck 1990 die »Goldene Stimmgabel« überreichte – als erstem Künstler aus der DDR –, wurde er auch dem westdeutschen Publikum bekannt. Mit dem Album *Erzähl mir was von Dir* gelang ihm 1994 der gesamtdeutsche Durchbruch. Seit fast vierzig Jahren begeistert das Ausnahmetalent nun schon seine Fans als Sänger und Entertainer und seit 2001 auch als Fernsehmoderator. In *Es kommt so oder so* gewährt der sympathische Unterhaltungsstar tiefe Einblicke in viele Stationen seines Lebens und in seine ganz persönlichen Showgeschichten.

Michael Seidel, Jahrgang 1963, kennt sich aus im Showgeschäft. Seit fast fünfzig Jahren steht der Tausendsassa schon auf der Bühne. Er war über viele Jahre Sänger der 1986 gegründeten Musikclownerie-Band *Schauorchester Ungelenk* und verantwortete abseits der Bühne als Autor und Redakteur zahlreiche Sendungen im MDR-Fernsehen. So erfand er das Kultformat »Steimles Welt«. Der Sänger, Musiker und Entertainer komponiert, textet und schreibt unter anderem Drehbücher. Mit Olaf Berger verbinden ihn nicht nur seine Geburtsstadt Dresden, das Alter und gemeinsame Auftritte, sondern auch die Erfahrung, dass man sich Glück erarbeiten muss.

OLAF BERGER
mit Michael Seidel

Es kommt so oder so

MEINE SHOWGESCHICHTEN

Bild und Heimat

ISBN 978-3-95958-371-8

1. Auflage

Umschlaggestaltung: fuxbux, Berlin
Umschlagabbildungen: Ernst Rentzsch (links), Andreas Reiter (rechts)
Druck und Bindung: Graspo CZ

Ein Verlagsverzeichnis schicken wir Ihnen gern:
BEBUG mbH/Verlag Bild und Heimat
Axel-Springer-Straße 52
10969 Berlin
Tel. 030 / 206 109 – 0

www.bild-und-heimat.de

Inhalt

Liebe Leserinnen und Leser,

danke, dass Sie zu diesem Buch gegriffen haben. Ich freue mich riesig, dass es auf meinem Geburtstagstisch zum Sechzigsten liegt. Eines gleich vorweg: *Es kommt so oder so* ist keine Autobiografie. Das Buch erhebt auch keinen Anspruch auf Vollständigkeit. Es ist einfach eine kleine Reise durch mein Leben und meine Karriere. Bestimmt erfahren Sie einiges von mir, das Sie zuvor noch nicht wussten. Ich erzähle Ihnen Showgeschichten, beleuchte einige meiner Lebensstationen – und hoffe, Sie schmunzeln mit mir über lustige Anekdoten, die sich in meiner fast vierzigjährigen Bühnenkarriere zugetragen haben. Aber auch die eine oder andere schwere Stunde möchte ich mit Ihnen teilen.

Stöbern Sie einfach durch die Kapitel, erfahren Sie etwas von meiner Herkunft, meiner Familie, meiner Leidenschaft für gute Unterhaltungsmusik. Lesen Sie, was es mit Fledermäusen und Schweinen auf sich hat und warum man bei einer Sicherheitskontrolle am Flughafen besser keine Pistole in der Tasche trägt. Erinnern Sie sich mit mir gemeinsam an »Sprungbrett«, »Bong«, an Frauentagsveranstaltungen in der DDR und an meine Lieder, die mich mit Ihnen gemeinsam durch die Zeit getragen haben.

Sechzig Jahre sind eine verdammt lange Zeit. Da kommt ganz schön was zusammen: die erste Liebe, die erste Gitarre, der Mauerfall; die neuen Zeiten, die neuen Möglichkeiten und immer wieder Schlager, die ich nur für Sie gesungen habe. Eines noch, bevor Sie gleich erfahren, warum ich Olaf und nicht Oliver heiße: Dieses Buch spiegelt meine Perspektive auf mein Leben. Andere mögen manches darin anders erlebt haben. Aber in meinen Erinnerungen hat sich alles ganz genau *so* zugetragen.

Und nun viel Spaß beim Lesen!

Ihr

Oliver oder Olaf – Die Show beginnt

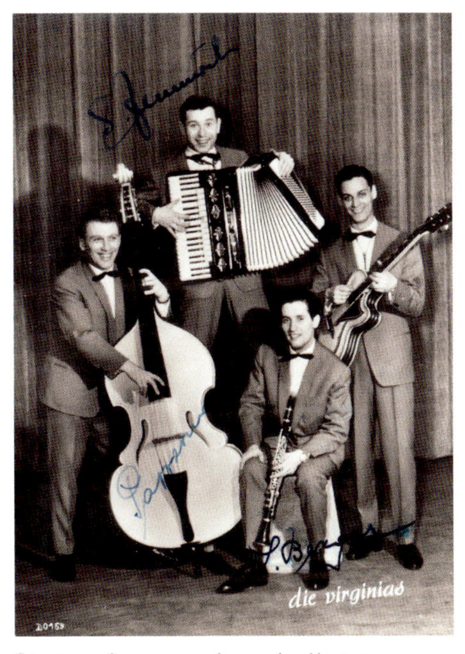

Signierte Autogrammkarte der *Virginias*

Es sollte ein ganz besonderes Weihnachtsfest im Hause Berger werden. In der kleinen Zweieinhalbzimmerwohnung in Dresden-Gruna herrschte 1963 helle Aufregung. Meine Geburt war für den 21. Dezember angekündigt, doch es dauerte. Ach, du liebe Zeit, dachten sich meine Eltern Eveline und Lothar, es wird ja wohl kein Christkind werden? Doch genau so kam es.

Während also meine Mama, hochschwanger, das bevorstehende Weihnachtsfest vorbereitete, war mein Papa wie immer unterwegs. Als musikalischer Kopf des gefragten Dresdner Gesangs- und Instrumentalquintetts *Die Virginias* war es ihm sein Musikerleben lang nicht vergönnt, pünktlich zu wichtigen Familienfeiern zu erscheinen. Meist war er auf Tournee, weit entfernt von seinem Zuhause, in den Kulturhäusern und Spielstätten der kleinen großen DDR. So auch Weihnachten 1963. *Die Virginias* waren für die Fernsehsendung »Zwischen Frühstück und Gänsebraten« engagiert. Die beliebte Fernsehshow wurde seit 1957 am ersten Weihnachtsfeiertag zwischen elf und dreizehn Uhr im ersten Programm des Deutschen Fernsehfunks, dem Fernsehen der DDR, live ausgestrahlt. Die Proben dafür fanden wie immer an den Tagen davor statt. Im Fernsehen wurde damals noch live musiziert und gesungen, und so war die Anwesenheit der *Virginias* mitsamt meinem Vater unabdingbar.

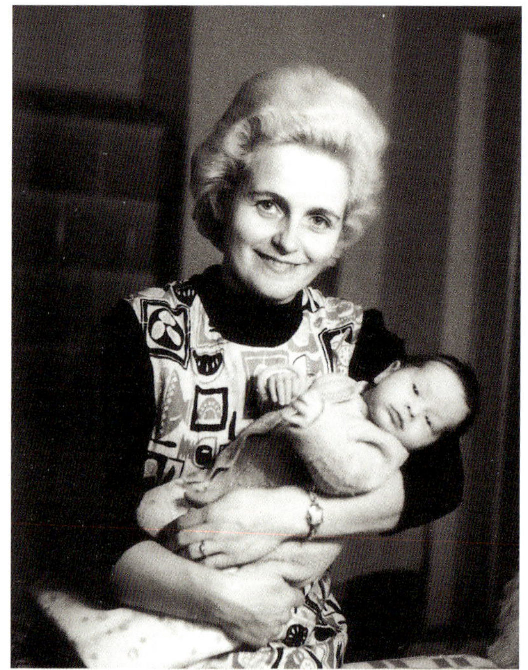

Im Arm meiner Mama

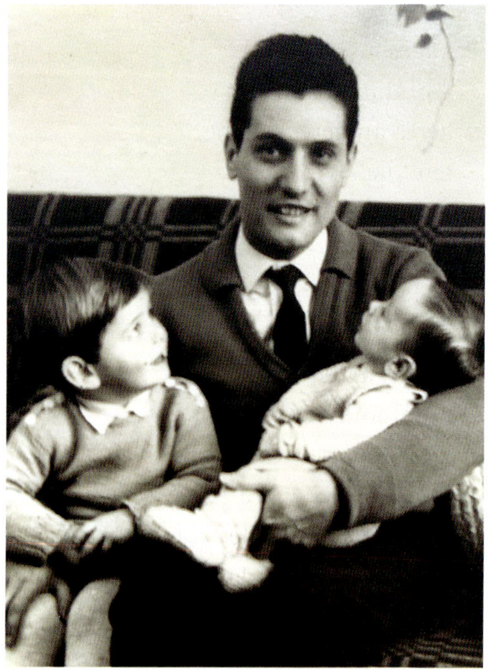

Mit Papa und meinem Bruder

An diesen Tagen pendelte mein Papa also immer zwischen Dresden und dem alten Friedrichstadt-Palast in Berlin hin und her und verpasste schließlich den Zeitpunkt meiner Geburt.

Am 24. Dezember erblickte ich um 7.55 Uhr im Kreissaal der Uniklinik in Dresden das Licht der Welt. Zu Hause hielten mein zwei Jahre älterer Bruder Gregor und mein Opa Hugo die Stellung. Ob sie mehr auf den Weihnachtsmann warteten oder eher auf mich, das weiß bis heute nur der Stern von Bethlehem. Vor lauter Aufregung passierte ihnen aber ein Missgeschick. Sie schlossen sich in der Toilette ein und kamen nicht mehr heraus. Die Tür war verrammelt. So harrten sie denn stundenlang auf dem Örtchen und hofften auf einen Engel, der sie erlösen möge.

Der Engel erschien erst nach einigen Stunden in Gestalt meines Papas. Um seinen neugeborenen Sohn zu bestaunen, kam er aus Berlin von der Probe angesaust und fuhr in den Garagenhof ein, der direkt gegenüber unserer Wohnung lag. Dort sah er die beiden am Toilettenfenster, Opa Hugo gestikulierte aufgeregt. Papa schnappte sich eine Leiter, kletterte nach oben und rettete die zwei »Gefangenen« aus ihrer misslichen Lage. Dann machte er sich auf den Weg zum Krankenhaus, denn er wollte endlich seinen Sohn Oliver samt meiner Mama in die Arme nehmen.

Ja, sie haben richtig gelesen. Ich sollte eigentlich Oliver heißen. Und ich muss sagen, im Nachhinein hätte mir Oliver Berger für meine spätere Gesangskarriere auch sehr gut gefallen. Aber es kam anders. Meine Mutter lag in ihrem Krankenhausbett, als die Krankenschwester hereinkam und sich bei den jungen Müttern nach den Namen ihrer Söhne und Töchter erkundigte. Der Zufall wollte es, dass die im Bett gegenüber liegende Mutter als Erste gefragt wurde. Sie sagte: »Mein Sohn soll Oliver heißen.« Meine Mutter dachte sich: Verdammt, jetzt ist der Name schon weg. Also entschied sie sich kurzerhand um und sagte zur Schwester: »Mein Sohn heißt Olaf!« Und so heiße ich jetzt seit sechzig Jahren. Ein außergewöhnlicher Name ist das wahrlich nicht, denn allein in meiner Schulklasse gab es drei Olafs. Und ein bisschen Oliver steckt dann doch in mir – denn meine Liebsten nennen mich alle Oli! Was soll's. Seinen Namen kann man sich eben nicht aussuchen.

Da meiner aber schon am nächsten Tag das erste Mal im Fernsehen verkündet wurde, kannte ihn am zweiten Tag meines Daseins bereits die halbe DDR. Man muss dazu wissen, die Sendung »Zwischen Frühstück und Gänsebraten« war sehr beliebt und mein Vater mit dem Spiritus Rector der Sendung, Heinz Quermann, gut befreundet. Jeder gelernte DDR-Bürger kennt bis heute Heinz Quermann als »Talente-Vater«, Fernsehformat-Erfinder und begnadeten Conférencier. »Herzklopfen kostenlos«, »Da lacht der Bär«, der Vorläufer von »Ein Kessel Buntes«, und »Da liegt Musike drin« waren seine Fernseh-Babys, im Radio verantwortete er die mit sechsunddreißig Jahren Laufzeit langlebigste Rundfunk-Hitparade der Welt, »Die Schlagerrevue«.

Heinz Quermann schätzte meinen Papa als Musiker sehr und bezeichnete ihn als einen langjährigen und guten Freund – er sagte stets: »Mein Lothar, das hier ist mein Freund Lothar.« Das hat mich später auch immer ein wenig mit Stolz berührt: eben MEIN PAPA.

Aber zurück in den alten Friedrichstadt-Palast und zur Sendung »Zwischen Frühstück und Gänsebraten« am 25. Dezember 1963. Heinz Quermann führte gemeinsam mit Margot Ebert durch die Sendung und ließ es sich nicht nehmen, live über den Äther zu verkünden, was Heiligabend in Dresden passiert war: »Meinem Freund Lothar wurde an diesem Tag ein zweiter Sohn geschenkt, und der heißt Olaf Berger!«

Gratulation. Applaus!!!

Also meine Karriere, das hat auch der Heinz immer wieder erzählt, war quasi vorprogrammiert. Das Unterhaltungskarussell begann sich zu drehen. Zwar nur namentlich, aber immerhin. Und so dreht es sich bis heute – seit sechzig Jahren. Mal langsam – mal schnell. Und »unser Heinz, der Quermann« hat es in den Jahren meiner Karriere immer wieder mit angeschubst. Danke dafür!

Übrigens, genauso alt wie ich ist auch mein Nussknacker. Zur Geburt eines jeden Kindes war es in unserer Familie üblich, dem Neugeborenen zu seinem ersten Weihnachtsfest einen Nussknacker zu schenken. Eine schöne Tradition, finde ich. Ich besitze ihn heute noch und stelle ihn jedes Jahr zu Weihnachten auf. Das ist ein richtiges Schmuckstück aus der Schnitzerstadt Seiffen. Mit ihm habe ich als Kind gespielt und tatsächlich Nüsse geknackt.

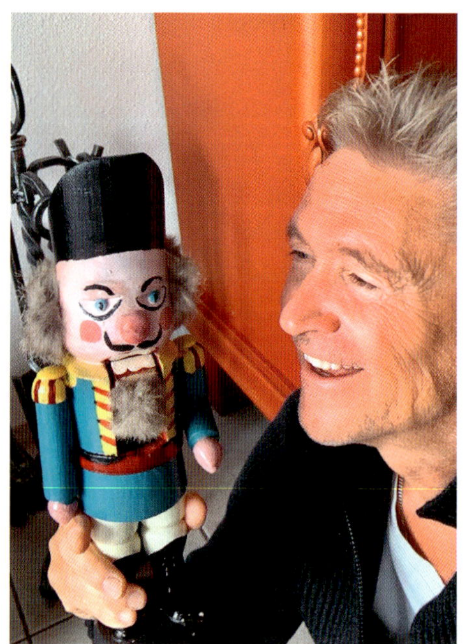

Die Nüsse im Unterhaltungsgeschäft, die musste ich erst viel später knacken.

Meine Familie

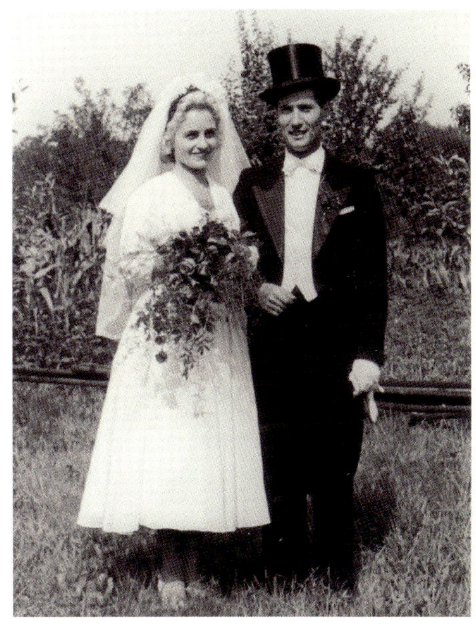

Zu meinem großen Glück bin ich in einer sehr musikalischen Familie aufgewachsen. Etwas Besseres hätte mir nicht passieren können. Meine Mama, Beate Rosemarie Eveline Berger, geborene Hockauf, war Industriekauffrau und hat mit ihrer Zwillingsschwester Gabriele und ihrer fünf Jahre jüngeren Schwester Karin nebenberuflich Musik gemacht. Als »Geschwister Hockauf« sind die in Graupa/Pirna-Copitz aufgewachsenen Schwestern durchs Land gezogen. – Meine Familie Hockauf war übrigens nicht verwandt mit der in der DDR durch Planübererfüllung bekannten Aktivistin Frida Hockauf.

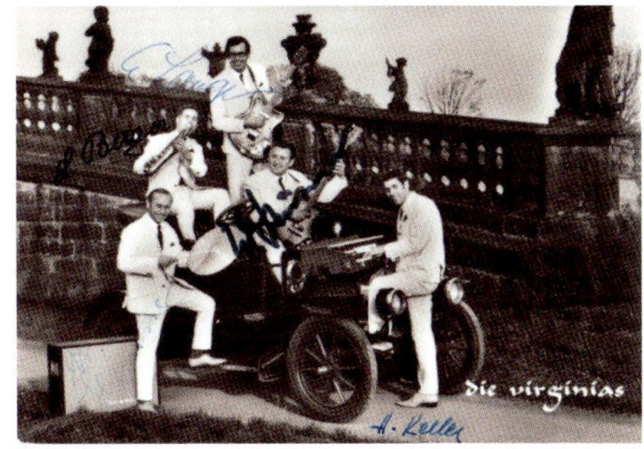

Signierte Autogrammkarte der *Virginias*, mein Papa am Saxophon

Wie es das Schicksal so wollte, begegneten sich meine Mama und meine Papa, Fritz Harry Lothar Berger, bei einer gemeinsamen musikalischen Veranstaltung. Mein Papa war Berufsmusiker und spielte damals als Saxophonist und Klarinettist beim *Tanzorchester »Schwarz-Weiß«* und im *MBT-Orchester*. Meine Eltern verliebten sich und blieben bis an ihr Lebensende ein Paar.

Mein Papa hat später *Die Virginias* übernommen und war mehr als dreißig Jahre lang ihr Bandchef. Sie machten am Anfang, so ähnlich wie *Die vier*

Brummers, humorvolle Unterhaltungsmusik mit eigenen Liedern und coverten Klassiker wie den »Kriminal-Tango«. Später waren *Die Virginias* eine der gefragtesten Gala-Bands der DDR. Sie begleiteten in ihren eigenen Programmen nationale und internationale Stars, Artisten sowie Zauberkünstler und hatten immer einen Conférencier oder auch Humoristen mit an Bord. Wenn die Show zu Ende war, wurde oft noch einige Stunden zum Tanz gespielt. Ein harter, aber man muss auch sagen einträglicher Beruf.

Meine Mama entschloss sich nach der Geburt meines Bruders Gregor im Jahr 1961, den Beruf an den Nagel zu hängen und Hausfrau zu werden. Wie es halt in diesen Zeiten so üblich war. Auch Musik machte sie nur noch zu Hause. Aber das war jedes Mal ein Erlebnis. Meine Mama konnte super Klavier spielen und hatte einen ganz eigenen, unorthodoxen Stil. Sie flog quasi mit ihren Händen über die Tasten und nutzte dabei die gesamte Klaviatur. Dazu sang sie himmlisch. Sie konnte auch wunderbar improvisieren und machte aus jedem Lied eine kleine Show. Ich glaube fast, mein Showtalent habe ich von ihr geerbt. »Gegge«, wie mein Bruder gern genannt wurde, kam eher nach meinem Papa. Als Profimusiker spielte er jede Note präzise und exakt vom Blatt, da durfte kein Fliegenschiss auf dem Notenblatt sein, den hätte er mitgespielt!

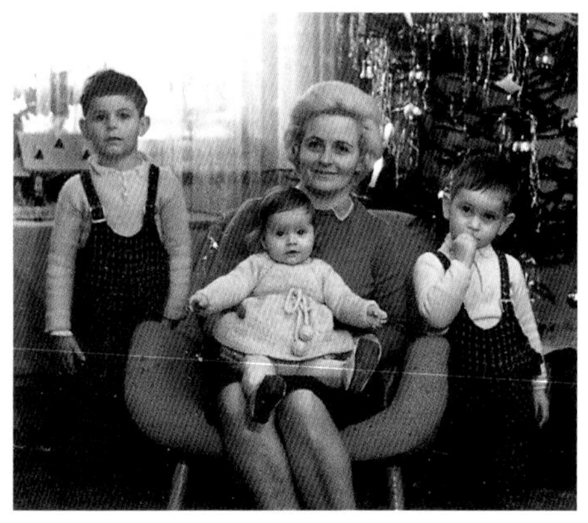
Mit Oda ist unsere Familie komplett.

Ich erlebte eine sehr behütete Kindheit. Wir wohnten im Neubaublock mit Ofenheizung in einer Zweieinhalbzimmerwohnung. Ein Kinderzimmer für drei Kinder. Denn nach Gregor und mir kam 1966 noch unser Schwesterchen. Unsere Oda. Spitzname »Odel«. Wir brauchten keinen Balkon, unser Balkon war der Spielplatz.

Meine Eltern kamen aus einfachen Verhältnissen. Der Vater meines Papas hieß Horst und war Jäger. Wir Kinder

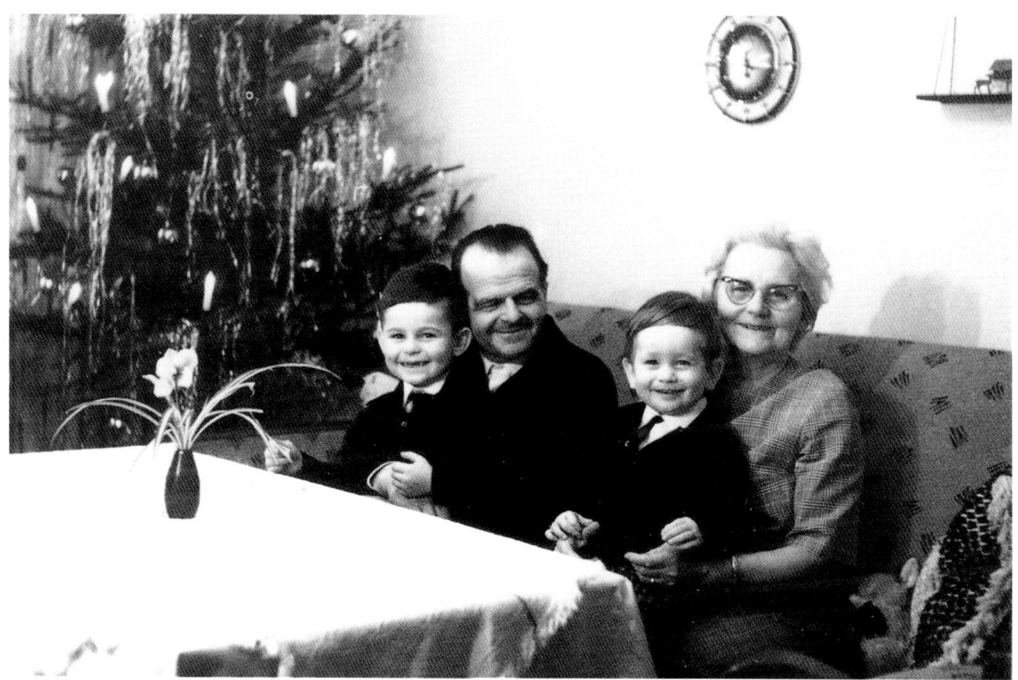

Weihnachten mit Oma und Opa Graupa zu Hause in Dresden: »Lieber, guter Weihnachtsmann, schau mich nicht so böse an, steck auch deine Rute ein, ich will ein lieber Oli sein.«

sagten immer nur »Dresdner Opa« zu ihm. Sein Revier hatte er in Weißig. Als Jäger besaß er natürlich auch mehrere Dackel. Deshalb hieß seine Frau bei uns immer »Hunde-Omi« oder auch »Dresdner Omi«. Die »Hunde-Omi« hatte bei der KGD (der Konzert und Gastspieldirektion Dresden) als Buchhalterin gearbeitet und die Gagen an die Künstler ausgezahlt. Sie war eine taffe Frau und saß, wenn wir sie besuchten, meist rauchend im Schaukelstuhl. Dieses Bild hat sich mir total eingeprägt. Ich erinnere mich auch gern daran, dass sie uns Kindern immer, wirklich immer, etwas zusteckte.

Opa Hugo (»Opa Graupa«), der Vater meiner Mutter, war gelernter Bäcker und arbeitete später am Wiener Platz in Dresden in einer Tankstelle. Leider war uns nicht viel Zeit mit unseren Opas vergönnt, da beide sehr früh starben. »Oma Graupa«, die Mutti meiner Mama, achtete bei uns Kindern immer sehr

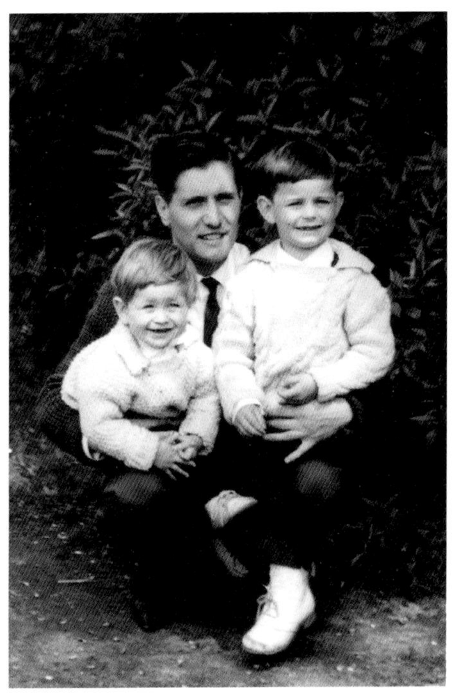

darauf, dass wir einen Diener machten – und meine Schwester natürlich einen Knicks – und ordentlich die Hand gaben. Als typische Steinbockfrau sagte sie meist an, wo es langgeht. Sie wohnte gar nicht weit von uns entfernt und absolvierte abends immer noch einen kleinen Spaziergang. Schick angezogen drehte sie ihre Runde. Erst zu Tante Karin, die nur ein paar hundert Meter weiter wohnte, und anschließend zu uns. Dann stand sie draußen vorm Fenster und quasselte noch mit meiner Mama. Das war fast wie ein Ritual, uns Kinder hat es manchmal sogar ein bisschen genervt. Aber trotzdem war es irgendwie schön: meine Oma im Hof und meine Mama am Fenster, stets mit Kittelschürze.

Meine Mama hat auch zu Hause gekocht. Da sich unsere Schule gleich um die Ecke befand, sind wir in der Mittagspause schnell zu ihr. Man konnte die Schule sogar von unserem Fenster aus sehen. Schön für den kurzen Schulweg, aber in den Ferien war es manchmal wirklich ein Graus.

Papa war selten zu Hause. Als Musiker immer auf Achse, sehnten wir die Tage herbei, an denen er von der Tournee heimkam. Dann brachte er uns Kindern etwas mit, meist etwas, das man in den Geschäften der HO (Handelsorganisation) oder des Konsums nur unter dem Ladentisch bekam. Sogenannte Bückware: Bananen, Erdnussflips und solche Sachen. Manchmal konnte ich vor Aufregung gar nicht schlafen. Und wenn es dann nachts um drei oder vier an der Wohnungstür klapperte, bin ich aus dem Bett gesprungen und habe ihn begrüßt. Er hat immer irgendetwas aus seinen Taschen gezaubert.

War er mal zu Hause, wenn wir aus der Schule kamen, saß er meist am Klavier und schrieb Noten. Er schrieb Arrangements. Die Begleitmusik für die Artisten, die neuesten Schlager der Solisten oder internationale Hits für den Tanzabend. Mich hat das fasziniert. Er hörte sich die Lieder an und wusste genau: Aha, das Lied steht in dieser oder jener Tonart. Der Bass spielt das, und die Harmonien sind folgende! *Schwups*, wurde es notiert. Gregor und ich waren richtig elektrisiert. Für uns stand fest: So was, wie Papa, wollen wir auch mal machen. Musik! Papa war unser großes Vorbild.

Wenn unsere Mama das hörte, legte sie sofort ihr Veto ein: »Um Gottes willen, Jungs! Das kommt gar nicht in Frage. Es reicht, wenn *einer* in der Familie *nie* zu Hause ist.« Denn es war ja tatsächlich so: Wann immer Geburtstage anstanden, die Cousine heiratete, eben bei jedem Familienfest waren wir nur zu viert. Mama und die drei Kinder. Wenn wir Glück hatten, holte uns Papa danach mit dem Auto ab, oder er fuhr uns hin, um dann gleich weiter zur Veranstaltung zu fahren. Derer gab es zu DDR-Zeiten unzählige. Es wurde gefühlt immer irgendwo gefeiert. Ob Betriebsveranstaltung, Feiertage oder Weihnachtsfest. Als Musiker konntest du ununterbrochen auftreten. Für meine Mama war das nicht einfach. Deshalb bestand sie auch auf dem jährlichen gemeinsamen Urlaub in den Sommerferien.

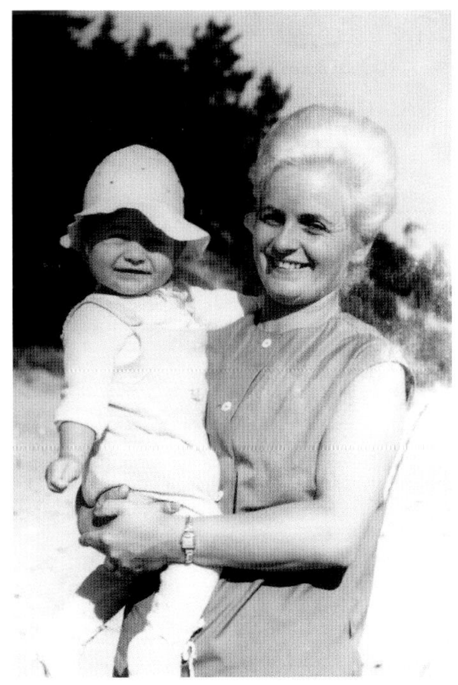

Klein Oli mit Mama an der Ostsee

Schweine an der Ostsee

Wenn es hieß, wir machen an der Ostsee Urlaub, bedeutete das: Wir begleiten Papa auf der Ostseetournee. Also, so ganz Urlaub wurde es dann für meine Eltern doch nicht. Aber für uns Kinder war es unglaublich schön. Wir reisten einfach mit der Show und wussten im Grunde genommen nie genau, wo wir eigentlich übernachten würden. Da konnte es sein, dass man zehn Tage im Interhotel schlief und die nächsten Tage auf einer durchgelegenen Matratze in irgendeiner abgewohnten Ferienbaracke. Aber das störte uns nie. Ganz im Gegenteil! Hauptsache, wir waren mit dabei. Ich erinnere mich noch an ein Hotel in Rostock, da standen wir auf dem Balkon und von unten aus der Kneipe zog dieser Bier- und Zigarettengeruch nach oben. Ich roch das total gern. Es war für mich der Geruch der »Erwachsenenwelt«. Urlaub bedeutete aber auch Softeis mit Waffel und Broilerbar in Warnemünde, wenn man denn einen Platz bekam, und natürlich Badengehen.

Im Showprogramm meines Papas traten oft tolle Artisten auf. Zum Beispiel Jochen Knie und seine Partnerin. Die machten Kraftakrobatik, leicht bekleidet und gut gebaut. Es war eine sehr ästhetische, aber auch leicht erotische Darbietung. Da beide viel Haut zeigten, lagen sie tagsüber am Strand, um sich zu bräunen, am ganzen Körper. Eines Tages fragte Jochen meinen Papa, ob wir nicht einen Tag gemeinsam verbringen wollen. Sie hätten da einen super Campingplatz gefunden, auf dem sie mit ihrem Wohnwagen stehen würden, und wir könnten sie dort besuchen. Jochen erklärte Papa, wie man dort hinkommt und wo wir uns treffen könnten. Als das meine Mutter hörte, war sie beunruhigt. »Das wird doch wohl kein FKK sein? Das wird doch wohl kein FKK sein?«, schnatterte sie.

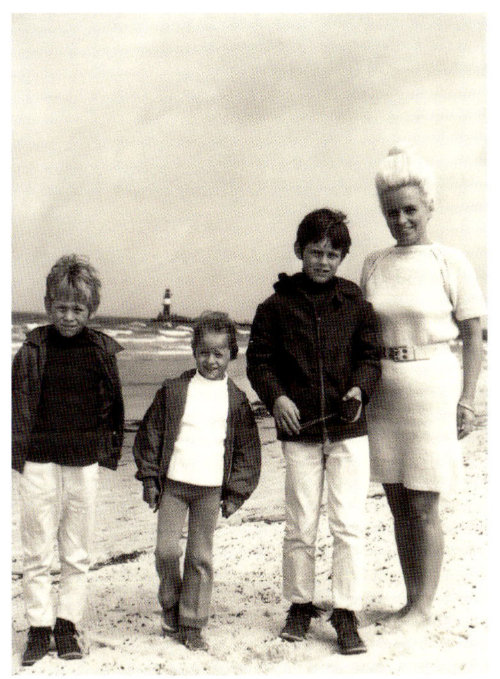

1973 am Strand von Warnemünde

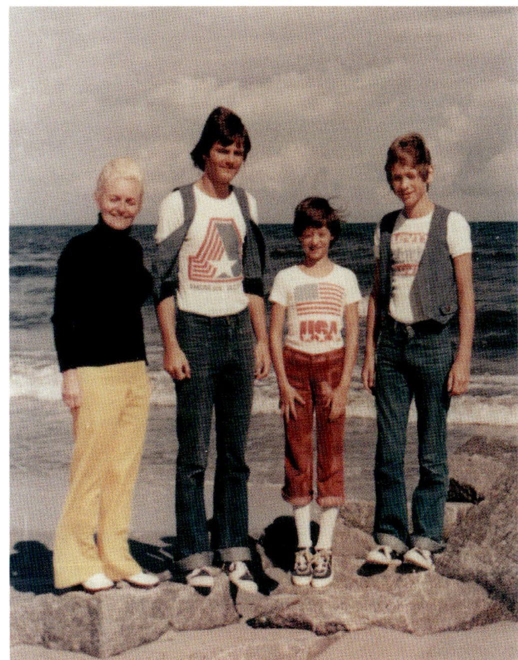

Und auch 1977 ging es im Sommer an die Ostsee.

Nun war FKK in der DDR nichts Besonderes, aber in meinem Elternhaus ging es doch etwas prüder zu. Schon wenn meine Mutter im Fernsehen eine Sängerin sah, bei der unter dem T-Shirt »dä Knöppe« zu sehen waren, machte sich bei ihr Unmut breit. Noch schlimmer war ein tiefes Dekolleté. Dann sagte sie oft: »Muss das sein?« oder »Um Gottes Willen.« Sie war halt etwas konservativ und bieder, nichts Ungewöhnliches in jenen Zeiten. In diesem Umfeld wuchsen wir also auf.

Nun machte sie sich halt Sorgen, dass wir zu einem FKK-Strand fahren. Noch dazu mit den Kindern. Wir saßen jedenfalls alle im Auto, und meine Mama war völlig aufgeregt. Mein Papa versuchte, sie mit einem »Bleib ruhig, Mutti!« zu beruhigen. So kamen wir also auf dem Parkplatz an, fuhren rechts rein und sahen schon viele Autos dort stehen. Auf einmal kam der Parkplatzwächter um die Ecke. Vor seinem Bauch baumelte die Kasse, aber unter der Kasse baumelte tatsächlich freischwingend sein Gemächt. Als meine Mutter das sah, schrie sie, so laut sie konnte: »Vadel, Vadel! Gib Gas! Die Schweine sin naggsch!«

Papa wendete auf der Stelle, gab Gas, und wir schauten mit Stielaugen aus dem Rückfenster. Die Sandwolke hinter unserem Auto nahm unseren Traum vom Tag am FKK-Strand mit in die Ferne. Doch der Ausspruch »Die Schweine sin naggsch!« wurde in unserer Familie über viele Jahre zum geflügelten Wort.

Später fuhren wir mit unserem vollgepackten Wartburg Tourist und unserem Klappfix bis nach Bulgarien. Der Klappfix war ein Wohnzeltanhänger, den man mit relativ leichten Hangriffen schnell aufbauen konnte. Eine ganz praktische Übernachtungsmöglichkeit für die ganze Familie. Das waren tolle Urlaube am Strand von Varna oder Nessebar. Allein die Fahrten dahin waren große Abenteuer. Manchmal besuchten wir noch Künstler, die mein Papa kannte, wie den Komiker Felix Holzmann in Prag. Oder wir »schmuggelten« einen Pelzmantel, den meine Mama im Exquisit gekauft hatte, für eine ungarische Sängerin über die Grenze. Sie gab uns die ungarische Währung Forint dafür, und wir kauften uns davon Jeansklamotten in Budapest. Wenn wir in Bulgarien auf unserem Zeltplatz angekommen waren, spielte spät abends oft eine Band zum Tanz. Vor dem Einschlafen lauschte ich der Musik. Spätestens am fünften oder sechsten Tag kannte ich die Reihenfolge der Lieder. Das waren nicht nur internationale Hits, sondern auch russische und bulgarische Lieder mit ihren ganz besonderen Melodien. Diese slawische Musik hat mich wirklich berührt. Dann schaute ich in die helle Nacht und träumte mich auf die Bühne. Ich stellte mir vor, wie ich später selbst da oben stehen würde und die Leute zu meinen Liedern tanzten. Urlaub mit Familie, das war immer *der* Höhepunkt im Jahr. Zum FKK-Strand sind wir aber nie gefahren.

Weihnachten, Geburtstag und im Westen wird's ooch immer schlimmer

Ich weiß gar nicht, wie oft ich schon gefragt wurde, ob es mir gefällt, Heiligabend Geburtstag zu haben. Ich beantworte die Frage immer mit den Worten: »Ich hatte 'ne schwere Kindheit!« Aber das natürlich nur zum Spaß! Denn es war schön! Ich hatte immer das Gefühl, dass sich alle auf diesen Tag freuen. Gemeinsam mit Gegge und Odel war ich jedes Mal sehr aufgeregt. Ich wusste natürlich, dass ich Geburtstag hatte, und so steigerte die heimliche Hoffnung, etwas Größeres geschenkt zu bekommen oder quasi eine »doppelte Bescherung« zu erleben, meine Anspannung täglich. Manchmal bin ich vor Aufregung sogar ein bisschen krank geworden. Leichtes Fieber und so.

Es gab immer etwas, das ich mir wünschte. Würde ich es wohl bekommen? Ein Dreirad »Liliput«, meinen ersten Roller oder später ein Zelt. Einmal habe ich mir ein sechsundzwanziger Diamant-Fahrrad gewünscht. Und tatsächlich: Es stand frühmorgens im Wohnzimmer. Ein bisschen sauer war ich, als mein Bruder dann nachmittags zur Bescherung auch eines bekam. Das war, laut meinen Eltern, ausgleichende Gerechtigkeit.

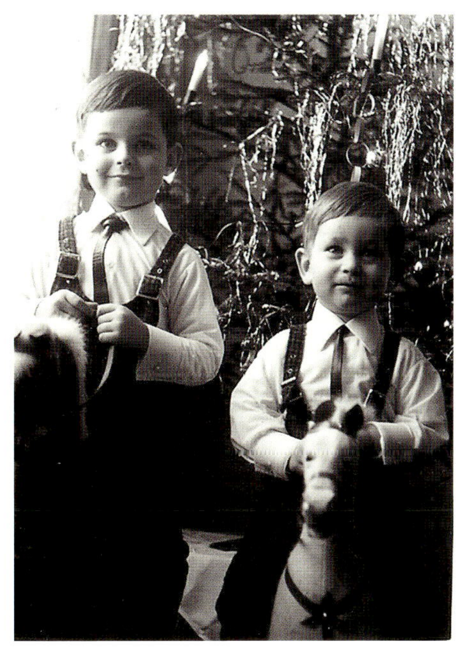

1965 gab es für Gegge und mich je ein Schaukelpferd.

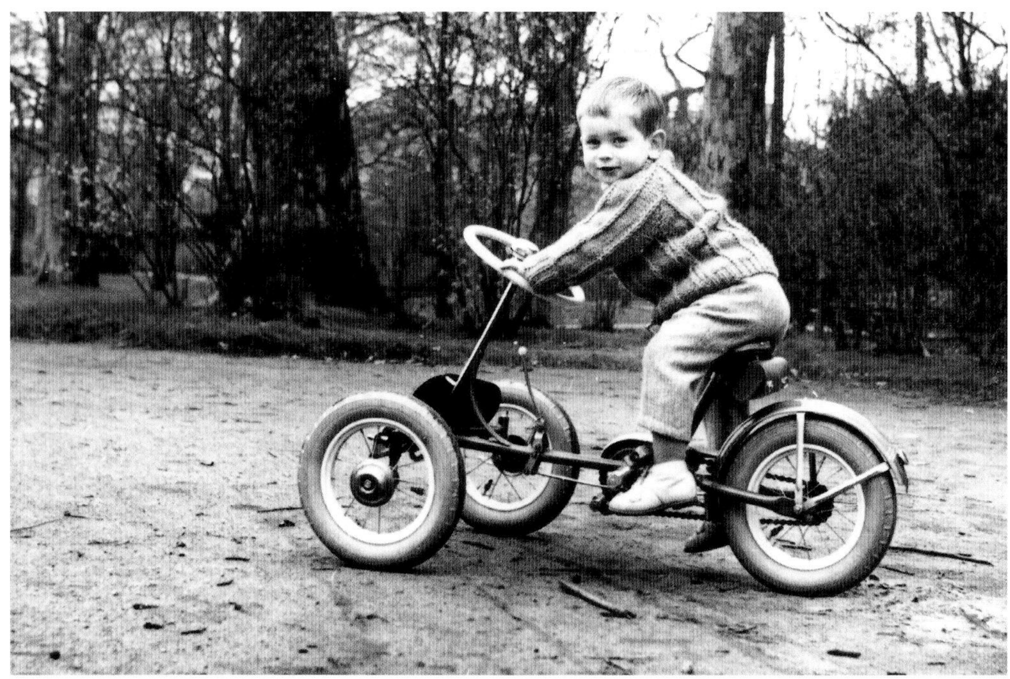

Wie stolz ich hier von meinem Dreirad in die Kamera blicke ...

Unserer Tradition gemäß musste der Weihnachtsbaum schon früh am Morgen geschmückt, mit Lichterkette, flatterndem DDR-Lametta und Weihnachtsbaumkugeln behangen, im Wohnzimmer stehen. Ich hatte Geburtstag, und er sollte mich leuchtend empfangen, wenn ich morgens im Schlafanzug und mit Latschen aus dem Kinderzimmer kam. Da lagen meine Geburtstagsgeschenke unter dem Weihnachtsbaum. Die Weihnachtsgeschenke gab es dann nachmittags. Nur mein Vater hatte immer Stress, weil er mitten in der Nacht, wenn er von einer Veranstaltung gekommen war, noch den »Boom« anputzen musste.

In der Vorweihnachtszeit nutzten wir Kinder jede Gelegenheit, die Wohnung möglichst auf den Kopf zu stellen, um schon eines der Geschenke zu finden. Im Gegenzug für den Dresdner Christstollen, den unsere Eltern zu den Verwandten in den Westen schickten, bekamen wir immer auch ein, zwei

Westpakete, auf die wir Kinder sehnsüchtig warteten. Meine Mama versteckte alles bestmöglich. Mit der Zeit kam sie uns auf die Schliche, so dass sich unsere Suche mit den Jahren immer schwieriger gestaltete. Schließlich versteckte sie die Sachen sogar so gut, dass sie sie selbst erst Ostern wiederfand.

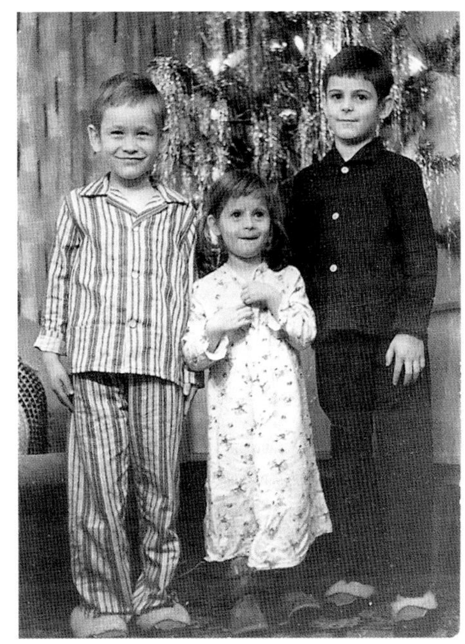

Heiligabend, frühmorgens, im Schlafanzug und mit Latschen: Ich freue mich auf meine Geburtstagsgeschenke, meine Geschwister müssen auf den Nachmittag und die Geschenke vom Weihnachtsmann warten.

Einmal entdeckten wir Kinder in der Vorweihnachtszeit eine Tüte Gummibärchen im Schlafzimmerschrank. Erfinderisch wie wir waren, schnitten wir mit einer Rasierklinge ganz vorsichtig die Tüte auf und naschten, wann immer sich die Gelegenheit bot, von den süßen Bärchen. Ein paar Tage vor Weihnachten klebten wir die Tüte sorgfältig wieder zu. Heiligabend wurden dann die bunten Teller angerichtet, und Mama verteilte alles gerecht. Jeder drei After Eight, jeder vier Pfefferkuchen, eine Tafel Schokolade und auch die Gummibärchen. Nach der Bescherung stellte sie erstaunt fest: »Im Westen wird's ooch immer schlimmer. In der Gummibärchentüte is ja kaum noch was drinne.«

Wir haben Weihnachten richtig schön zelebriert. In der Erinnerung lag in jener Zeit auch immer Schnee. Aber das stimmt natürlich nicht. Trotzdem verklärt man seine Kindheit manchmal. Warum auch nicht?! Man hat sie irgendwie so abgespeichert. Schöne weiße Weihnacht mit Glitzer und allem Drum und Dran.

Meine Omi war auch immer da. Sie machte Weihnachten eine große Enkel-Runde. Erst zu Tante Karin, die wohnte mit ihren zwei Mädchen, Sylli und Romy, sowie Onkel Klaus nicht weit von uns entfernt. Dann bei uns vorbei, mit den drei Kindern, und in Leipzig warteten Tante Gabi und Onkel Dieter mit den Zwillingen Ute und Angela. Bei der ganzen Aufregung vergaß sie schon mal meinen Geburtstag. Manchmal sah ich dann, wie meine Mama ihr noch schnell etwas zusteckte, damit sie ein Geschenk für das Geburtstagskind hatte.

Und gesungen haben wir. Eintausend Weihnachtslieder. Meine Oma stimmte immer die erste Zeile an und sang lauthals mit ihrer Sopranstimme. Bei uns war es gang und gäbe, dass man sein Geschenk erst erhielt, wenn man dem Weihnachtsmann ein Lied vorgesungen oder ein Gedicht aufgesagt hatte. Zwar glaubten wir bald nicht mehr an den Weihnachtsmann, aber schön war es trotzdem, wenn er kam. Ganz am Anfang wurde er von meinem Opa gespielt. Dann hat es mein Papa mal versucht. Ihn erkannten wir aber gleich an seinen Händen. Einmal hat Papa einen fremden »echten« Weihnachtsmann organisiert. Das endete für uns alle im Stress. Wir Kinder mussten extra unser Zimmer aufräumen. Mama dachte, sie müsse den Weihnachtsmann fürstlich beköstigen, und alles musste tippi toppi sein. Ganz unter dem Motto: Was sollen denn die Leute, in diesem Fall der Weihnachtsmann, von uns denken?! Letztlich war das Ganze gar nichts für Mutti und wurde sofort wieder abgewählt. Einmal und nie wieder! Also schlüpfte künftig meine Oma ins Weihnachtsmannkostüm. Sie hatte ohnehin eine unbändige Freude daran, sich zu verkleiden. Manchmal verschwand sie bei Familienfeiern wie aus heiterem Himmel für kurze Zeit, zog sich währenddessen um, kam als »lustige Witwe« zurück und trällerte ihre Lieder.

Also bei uns war immer was los. Nicht nur zu Weihnachten.

Meine zweite Familie

Wir sind oft mit Papa zu Veranstaltungen gefahren und standen dann staunend hinter der Bühne. Wir waren zum Beispiel im Dresdner *Café Prag* bei den Shows dabei und auch auf der Freilichtbühne »Junge Garde« bei Ulli Buschs beliebter Familienveranstaltungsreihe »Mit Kind und Kegel«. Ulli Busch war damals eine große Nummer in der Elbestadt. Er war Ur-Dresdner und bekannt als Conférencier, Spielmeister, Autor und Regisseur. Es war spannend zu beobachten, wie so eine Show entsteht. Wie verhalten sich die Künstler hinter der Bühne? Sind sie vorn ganz anders? Wer ist sym-

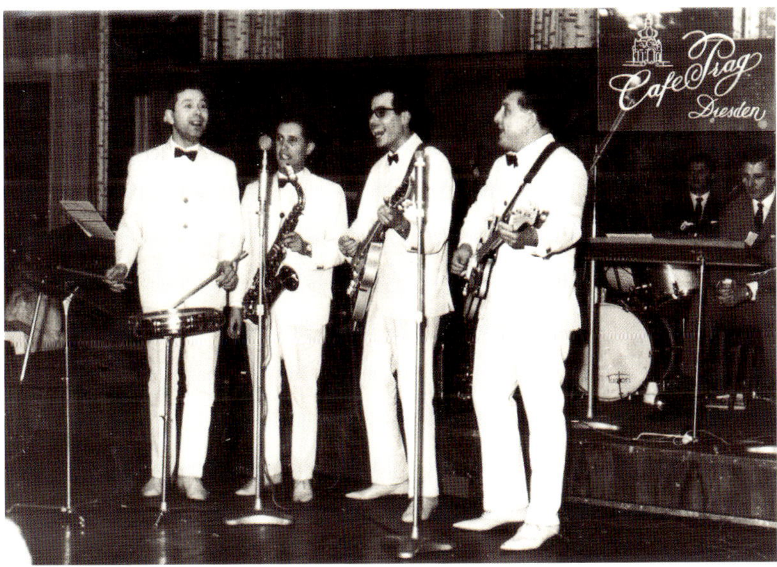

Die Virginias im Café Prag

pathisch, wer tut nur so? Kinder sind in dieser Beziehung ja einfach unbestechlich. Mich hat auch immer interessiert, wie man Wirkung erzielt, wie man am besten beim Publikum ankommt. Wie macht man es, dass die Leute lachen?

Mein Papa hatte immer tolle Conférenciers und Humoristen im Programm. In der DDR handelte es sich dabei um einen richtigen Berufszweig. Sie haben nicht nur Witze erzählt, sondern führten klug durch den Abend, machten die Stars durch ihre Anmoderationen noch größer, wussten genau, wann sie einen Gag setzen oder sich auf kabarettistisches Parkett begeben konnten. Sie beherrschten ihr Handwerk: Peter Frenkel, Hans-Georg Ponesky, O. F. Weidling. Wir waren ganz nah dran an den Sängern, Artisten und Zauberern und fühlten uns pudelwohl in dieser bunten Welt. Sie wurden uns eine zweite Familie.

Wir waren live dabei, wenn Jiří Korn seine »Ivetta« besang oder Václav Neckář seinen Hit »Krokodil Theophil«. Beim »Weihnachtsteller« in Riesa trafen wir Costa Cordalis, und bei einer Ostseetournee begleitete mein Papa mit seiner Band Jonny Hill. Dessen lässige Art und fesselnde Stimme haben mir sehr imponiert. Wie er mit den Zuschauern interagierte, fand ich toll. Er schenkte mir damals eine Single mit seinem Hit »Reich dem andern die Hände«. Ich erinnere mich noch, wie die Musiker aus Papas Band diese Textzeile verhohnepipelten. Sie machten aus »Reich dem andern die Hände« einfach »Scheiß dem andern ins Hemde«. Wir Kinder hielten uns die Hände vor den Mund und lachten uns kaputt darüber. Jonny nahm es mit einem Augenzwinkern schmunzelnd hin. Er ist bis heute ein super Typ. Als Österreicher brachte er meinem Vater manchmal heimlich ein paar gute Mikrofone aus dem Westen mit. Generell war der »Handel« mit Musikinstrumenten unter den Musikern gang und gäbe, um den nötigen »guten Sound« auf die Bühne zu zaubern. Aber auch andersherum funktionierte das Geschäft: Viele Westmusiker, die bei uns gastierten, nahmen sich begehrte Ost-Instrumente wie Akkordeon und Gitarre mit nach Hause. Dort verkauften einige von ihnen sie zum Original-DDR-Mark-Preis, allerdings in D-Mark.

Das alles mitzuerleben, prägte mich für mein ganzes Leben. Ich habe mich quasi nie aus dieser Unterhaltungsfamilie verabschiedet. Oft wurde ich gefragt, warum ich schon als junger Spund Schlager sang und kein Rockmusiker geworden bin. Wahrscheinlich lag es einfach auch daran, dass ich mit dieser Musik groß wurde und sie mir immer schon gefallen hat. Natürlich habe ich in meiner Jugend auch Bands wie *Slade*, *The Sweet* und *The Rubettes* gehört und ich war großer Fan von *T. Rex*. Eines meiner Lieblingslieder war »Love Hurts« von *Nazareth*. Mich haben schon immer schöne Melodien begeistert. »Wer die Rose ehrt« von *Renft*, dann »Tritt ein in den Dom« von *Electra* oder »Sommernachtsball« von Vroni Fischer. Das waren Kompositionen, das waren richtige Werke. Das hat mich angesprochen. Die Menschen damit zu unterhalten, hat sich mir eingeprägt und ist bis heute mein Credo.

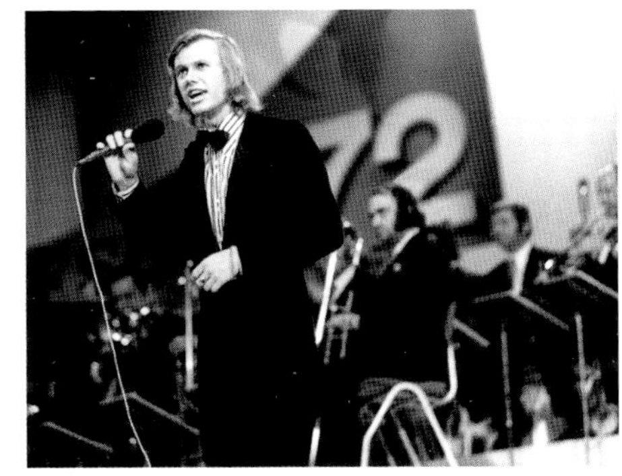

Jiří Korn im Oktober 1972 beim Gala-Abend des Internationalen Schlagerfestivals im Kulturpalast Dresden. Dank Papas Beziehungen durften Gegge und ich kurz in die Proben schmulen.

Hausmusik, Goldkehlchen und die falsche Schlange

Ob Geburtstagsfeier oder Silvesterparty, bei uns wurde auf den Familienfesten immer Musik gemacht. Da hat meine Mutter in die Tasten gehauen und gemeinsam mit ihrer Zwillingsschwester Gabi am Akkordeon Schlager und Evergreens gesungen. Zweistimmig und herausgeputzt in schicken Klamotten wurde dann »Seemann, lass das Träumen« geschmettert. Tante Karin, die Dritte im Bunde, setzte sich fix einen Hut auf, stimmte mit ein und machte die »Geschwister Hockauf« wieder perfekt. Da ging richtig die Post ab. Es war einfach herrlich!

Wir Kinder wollten uns natürlich nicht lumpen lassen. Mein Bruder Gegge bekam mittlerweile schon Klavierunterricht. Als hervorragender Schüler übte er sein Instrument ausdauernd und akkurat. Eigentlich war bei ihm die Musikerkarriere viel eher vorgezeichnet als bei mir. Auch meine Eltern waren dieser Meinung: *Wenn* einer Musiker wird, dann der Gregor, beim Olaf müssen wir erst noch mal gucken. Ich war eher so ein bisschen der »Hanns Guck-in-die-Luft«. Mich trieb es nach draußen auf den Fußballplatz, ein Instrument zu üben, war nicht so meins. Meine Idole hießen »Dixie« Dörner, Klaus Sammer, Claus Boden oder Siegmar Wätzlich von Dynamo Dresden.

Trotzdem machten Gegge und ich gern gemeinsam Musik: er am Klavier und ich am »Schlagzeug« auf selbst gebastelten Kochtopf-Trommeln. Die Fliegenklatsche machte sich als »Schlagzeugbesen« besonders gut auf der Rückseite der Bratpfanne. Sie klang verdammt echt. In dieser tollen Formation gaben wir auch bei Familienfeiern etwas zum Besten. Schon mit neun oder zehn Jahren sang ich bei solchen Feiern auch Lieder vor, die ich mir bei Papas Shows hinter der Bühne oder von Kassettenaufnahmen abgelauscht hatte. Eines Montags fragte meine Lehrerin in der Schule, wie denn so unser Wochenende gewesen sei. Meine Cousine Sylli, die mit mir in eine Klasse ging, meldete sich und erzählte, oder soll ich lieber sagen »petzte«, dass ich auf der Familienfeier am Wochenende ein Lied, einen richtigen Schlager, gesungen hatte. Mir war das peinlich. Aber die Lehrerin stieg sofort darauf ein. Sie erkundigte sich, welcher Schlager es denn war, ich sagte: »Ach, was von Adamo.« Schließlich kam ich aus der Nummer nicht mehr heraus, habe mich vor die Klasse gestellt und gesungen: »Du bist eine falsche Schlange, lange sah ich das nicht ein, darum hab ich keine Bange, lange bist du nicht allein.« Im schönsten Adamo-Dialekt. Das ganze Lied, vom Anfang bis zum Ende. Meine Mitschüler schauten mich an. Es war mucksmäuschenstill. Dann gab es einen Riesenapplaus wie beim »Kessel Buntes«. Zum ersten Mal in meinem Leben hatte ich ein richtig wohliges Gefühl beim Singen gespürt, und ich merkte: Wenn man damit Aufmerksamkeit kriegt, fühlt sich das verdammt gut an. Denn Aufmerksamkeit wünscht sich jeder Künstler, und irgendwie fühlte ich mich an jenem Tag wie ein *ganz großer* Künstler.

Ich hatte auch einen sehr guten Musiklehrer, Herrn Feuerstein. Der merkte schnell, dass ich eine schöne Stimme habe. Er war eher ein strenger, scharfer Typ, aber Musik, die liebte er. Er meldete mich 1973 für die Teilnahme am Leistungsvergleich »Junge Talente« an. Ich nahm mit »sehr gutem Erfolg« teil und erhielt meine erste Urkunde fürs Singen. Ich weiß nicht mehr genau, ob ich »Unsere Heimat« oder »Sah ein Knab ein Röslein stehn« sang. Das waren damals meine beiden Favoriten. Auf jeden Fall habe ich im Laufe meiner Schulzeit mit meinem »Goldkehlchen« viele weitere Urkunden eingeheimst.

»Vielleicht geht der Olaf ja zum Kreuzchor«, hieß es eine Zeit lang. Etwas Besonderes waren die Jungs vom Kreuzchor, dem weltbekannten Knabenchor aus Dresden, schon. Sie fuhren um die Welt und liefen mit feinem Zwirn und Aktenkoffern ausgestattet durch die Stadt. Das war reizvoll. Meine Mama aber hatte sofort etwas dagegen: »Mein Junge geht nicht aufs Internat, dann muss er ja auch dort schlafen.« Denn alle Kruzianer wohnten im Alumnat.

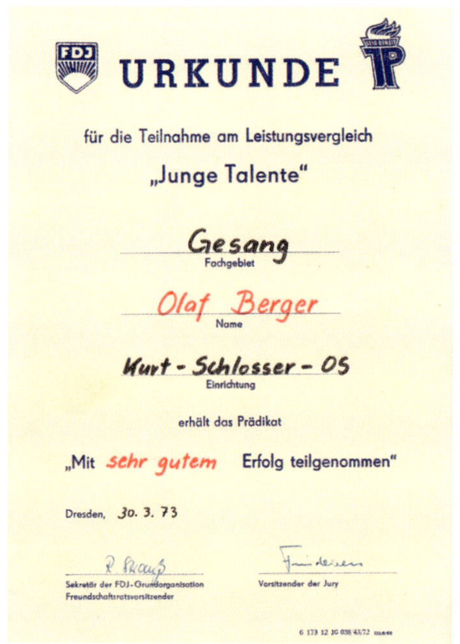

FDJ

URKUNDE

für die Teilnahme am Leistungsvergleich

„Junge Talente"

Gesang
Fachgebiet

Olaf Berger
Name

Kurt-Schlosser-OS
Einrichtung

erhält das Prädikat

„Mit sehr gutem Erfolg teilgenommen"

Dresden, 30. 3. 73

Sekretär der FDJ-Grundorganisation
Freundschaftsratsvorsitzender

Vorsitzender der Jury

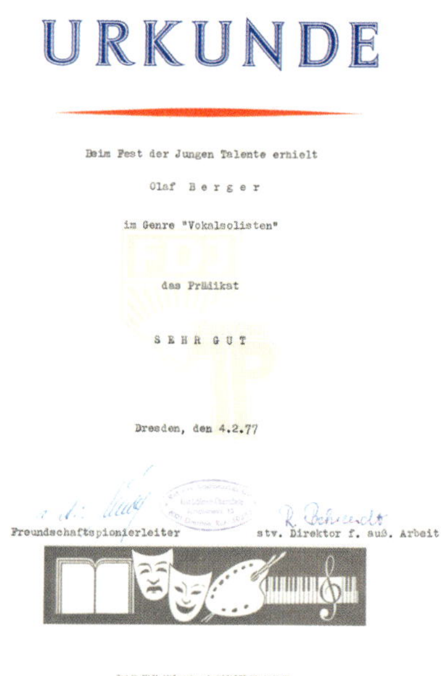

URKUNDE

Beim Fest der Jungen Talente erhielt

Olaf Berger

im Genre "Vokalsolisten"

das Prädikat

SEHR GUT

Dresden, den 4.2.77

Freundschaftspionierleiter

stv. Direktor f. auß. Arbeit

Die Angst meiner Mutter speiste sich auch aus dem Werdegang meines Vaters. Der war schon als Kind mit seiner Klarinette auf einer Spezialschule für Musik gelandet und musste im Internat schlafen. Er erzählte meiner Mama oft, dass es dort ziemlich streng zugegangen sei und er viel Heimweh hatte. Das war für sie das überzeugendste Argument. Also wurde entschieden: Nein, das macht der Oli nicht.

Ich muss zugeben, dass ich ein totales Mama-Kind war. Eine dazu passende Geschichte wurde mir immer wieder von meiner Tante Gabi aus Leipzig erzählt: Meine Mama war manchmal ein bisschen eifersüchtig, wenn mein Papa zu einem Gastspiel fort war. Klar, es gab damals noch keine Handys. Er war tagelang unterwegs, unerreichbar. Man hörte einfach nichts voneinander. Als er einmal ein Gastspiel in Leipzig hatte, fuhr meine Mama deshalb kurzerhand mit uns Kindern hinterher, um ihn zu »überraschen«. Sie setzte uns bei ihrer Zwillingschwester Gabi ab und fuhr allein zum Konzert. Sie wollte mal gucken, was da so abgeht. Das Ganze dauerte mit Tanz bis ein Uhr. Ich war noch ziemlich klein, und so dachten sich Gabi und Mama, der Oli würde sicher nicht mitbekommen, dass seine Mama nicht da ist, wenn er in der Nacht munter wird. Die beiden Zwillingsschwestern sahen ja gleich aus. Doch es wurde für meine Tante Gabi eine anstrengende Nacht. Denn irgendwann bin ich aus dem Schlaf aufgewacht und habe sie mit großen Augen angeguckt. Dann soll ich, mit einer für ein Kleinkind unheimlich tiefen Stimme, ohne Unterlass und bohrend wiederholt haben: »Wo is'n meine Mama? Wo is'n meine Mama? Wo is'n meine Mama?« Meiner Tante war das richtig unheimlich, und es half auch kein gutes Zureden. Später lachten wir oft darüber, wenn Tante Gabi die Geschichte zum Besten gab und Klein-Oli mit tiefer Stimme nachmachte: »Wo is'n meine Mama?«

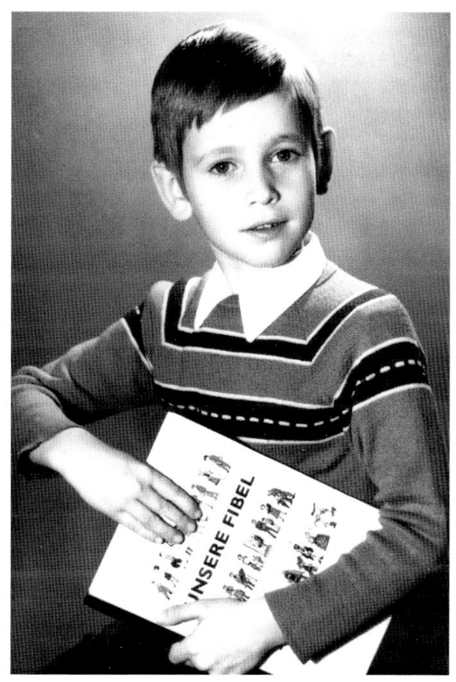

Klein Oli im Dezember 1970 als Schulkind mit der *Fibel*

Ich war halt immer ein Mutti-Kind, und schon deshalb war meine Mama strikt dagegen, dass ich zum Kreuzchor gehe. Tausendmal lieber war ihr, dass ich im Schulchor der Kurt-Schlosser-Oberschule singe. Gar nicht weit entfernt von unserer Wohnung.

Obwohl mich mein Musiklehrer förderte, war ich in seinem Unterricht nicht immer aufmerksam. Deshalb stand im Zeugnis in Musik oft nur eine Zwei, was meinem Papa nicht sehr gefiel. Doch Noten und Musikgeschichte interessierten mich wenig. Ich wollte einfach nur singen. Das machte mir Spaß. Zur Theorie musste ich mich dagegen zwingen. Auch ein Instrument zu lernen, wie mein Bruder, war für mich eine Herausforderung. Autodidak-

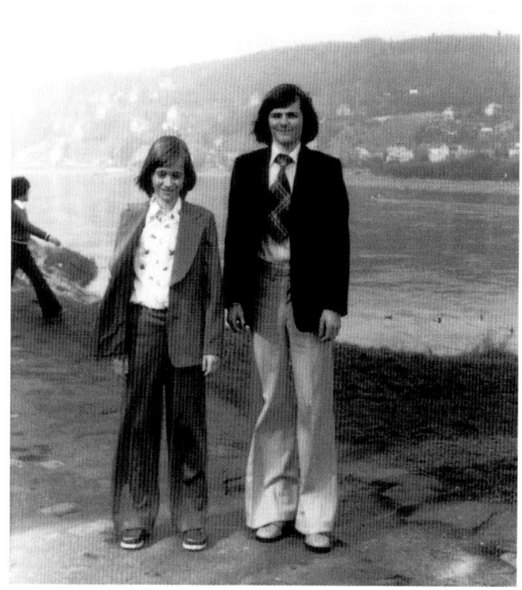

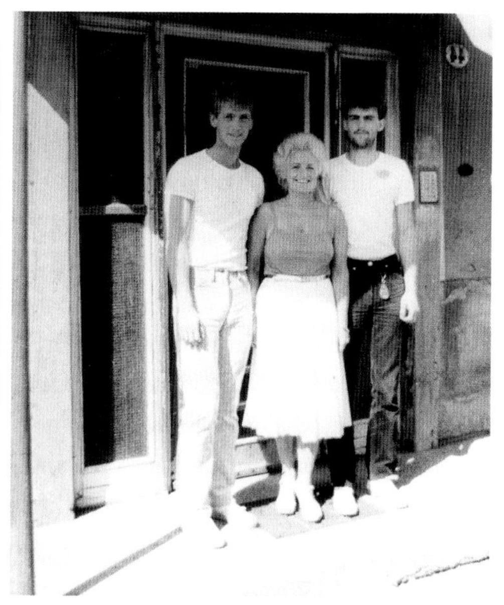

Wir trauten uns dann relativ schnell, eigene Lieder zu schreiben und sie aufzunehmen. Denn wir besaßen einen der ersten in der DDR hergestellten Kassettenrekorder. Unser erstes richtiges »Aufnahmestudio« war unsere Küche. Hier klang die Musik am besten, denn es hallte so schön.

Inspirieren ließen wir uns von Liedern, die uns gefielen. Wir gingen die Harmonien durch und dachten, das klingt gut: C-Dur, A-Moll, F-Dur, G-Dur. Wunderbar. So klingen Hits, und ab jetzt schreiben wir selber welche. Gegge am Keyboard und ich an der Rhythmusgitarre. Die Melodie sangen wir erst einmal auf »Pseudoenglisch«. Also: englische Wortfetzen zusammengefriemelt unter dem Motto: »Yes, oh, yes, mei Hemd is klitsch näss.« Das typische »Schubsing-down-the-Kellertrepp-Englisch«. Später schrieben wir eigene deutsche Texte darauf. Die handelten logischerweise von der Liebe. Wir hatten schon die ersten Enttäuschungen hinter uns und verarbeiteten unsere Gefühle und Empfindungen in Liedzeilen wie: »Ratlos durch die Straßen, gehst du unter Tränen.« Mein späterer Texter und Förderer Dieter Schneider machte daraus den Schlagertext »Abends bist du einsam, dann wird er dir fehlen.«

Wir verbrachten Tag um Tag damit, und es wurde uns nie langweilig. Musikmachen und Liederschreiben, das war jetzt unser Hobby Nummer eins. Wir machten das allein für uns und hatten zunächst keine Ambitionen, damit aufzutreten. Höchstens mal bei einer Familienfeier. Aber das war's dann auch schon.

Dann kam 1979 das Album »Steppenwolf« von Peter Maffay auf den Markt. Das hat mich richtig umgehauen. Die Stimme, die Lieder, alles hat mich fasziniert. Wir spielten jeden Song nach.

Gregor studierte mittlerweile an der Hochschule für Musik »Carl Maria von Weber« in Dresden und stieg dann relativ schnell in Papas Band als Keyboarder ein. Ich dagegen hatte noch den Umweg über Lehre und Armeezeit vor mir. Später war mir Gegge auf der Bühne immer ein loyaler, liebevoller und unterstützender Begleiter. Er liebte es, neben seinem Keyboardspiel an den Sounds der ersten Musikcomputer und Sampler zu basteln und investierte dort wahnsinnig viel Zeit hinein. Dadurch glänzten wir mit unserer Band bei Live-Veranstaltungen mit einem topmodernen Sound. Meine Songs klangen fast wie auf Platte. Gemeinsam haben wir dolle Dinger durchgezogen.

Die Kassette, auf der wir unsere ersten Lieder verewigten, sollte für meine spätere Karriere noch eine wichtige Rolle spielen. Ein gemeinsames Lied aus unseren Anfangszeiten schaffte es sogar auf mein erstes Album: »Stark sein wollte ich«. Komposition: Gregor und Olaf Berger. Und weitere sollten folgen.

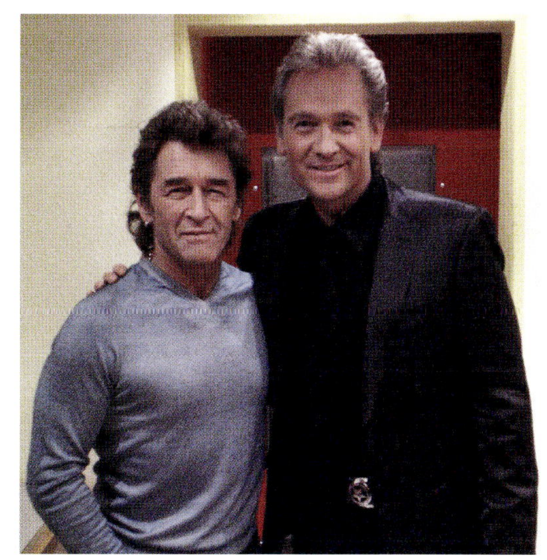

2015 mit Peter Maffay

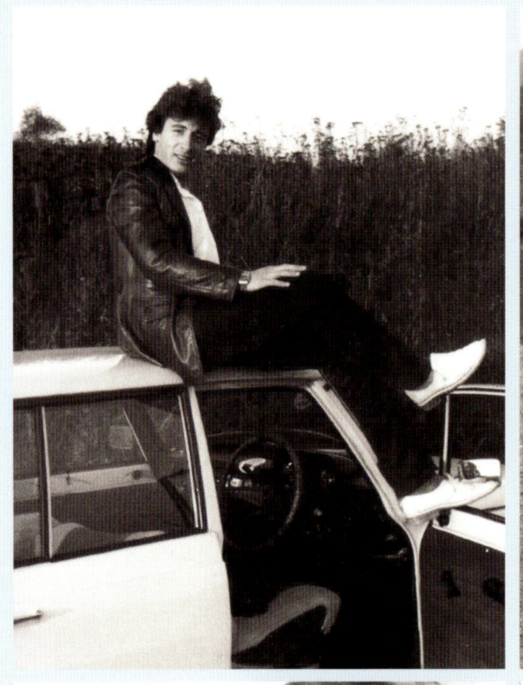

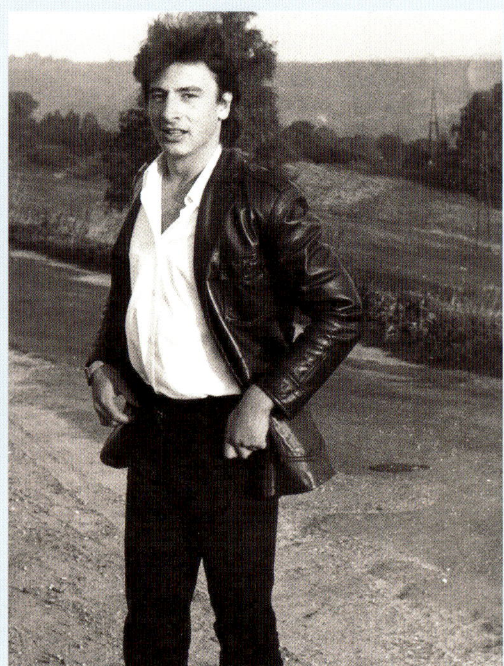

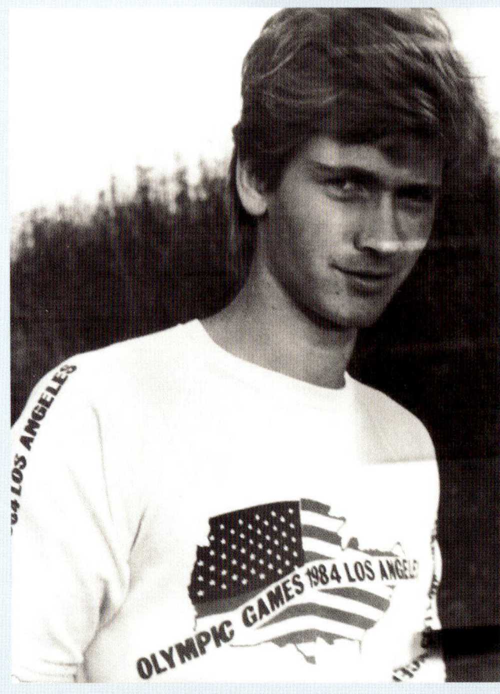
84 LOS ANGELES
OLYMPIC GAMES 1984 LOS ANGELE

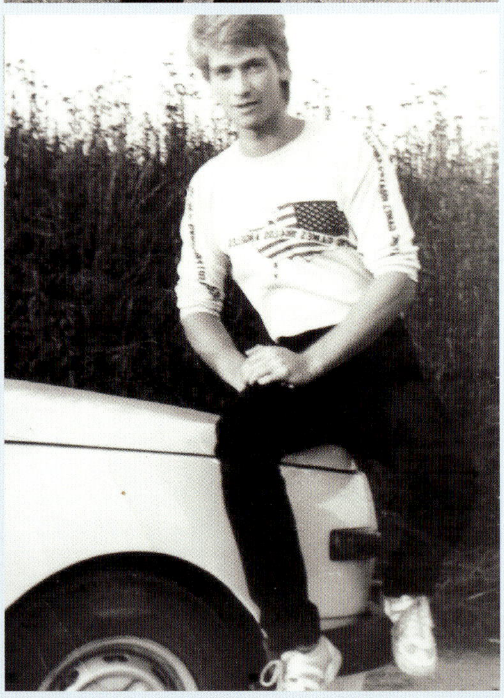

Trossel mit T und ein Kasten Radeberger

Ralf Trosien, genannt »Trossel«, begleitet mich nun schon fast mein ganzes Leben lang. Er ist mein bester Freund seit Kindertagen. In der sechsten Klasse kam er auf unsere Schule. Mit ihm habe ich mich schnell angefreundet, und wir wurden ein eingespieltes Team. Wir passen bis heute zusammen wie Topf und Deckel.

Schon damals war Trossel das totale Gegenteil von mir. Während ich noch schüchtern auf der Schulbank saß, wollte er schon die ganze Welt erobern. Mit Flitzideen, großen Träumen und immer einem guten Spruch auf den Lippen. Das hat mir von Anfang an imponiert. Unsere Freundschaft litt auch nicht darunter, dass er immer »dran« war, wenn wir etwas angestellt hatten. Dann hieß es nur: »Ralf, stell dich hinten in die Ecke.« – »Der Kleene«, wie Trossel mich immer nannte, der »liebe Olaf«, konnte es ja nicht gewesen sein. Einmal passierte Folgendes: Mitten im Unterricht bekam ich einen fiesen, lauten Schluckauf, der sich einfach nicht bändigen ließ. Immer wieder machte ich ganz laut: »Hicks.« Und nochmal: »Hicks.« Der Lehrer bat mehrmals darum, endlich dieses alberne »Hicksen« zu unterlassen. Doch irgendwann platze ihm der Kragen, und er klatsche mit der flachen Hand auf den Lehrertisch. Alle zuckten erschrocken zusammen. Sofort stand Trossel unaufgefordert und wie selbstverständlich auf und sagte: »Ich geh dann schon mal hinten in die Ecke.« Er nahm es auf seine Kappe und mein Schluckauf war vor Schreck – plötzlich weg.

Nach dem Unterricht machten wir zusammen die Gegend unsicher, und in den Schulferien waren wir auch mal »arbeiten«, in einem Betrieb in der Nähe. Die Belegschaft war allerdings froh, als die Schule wieder losging und

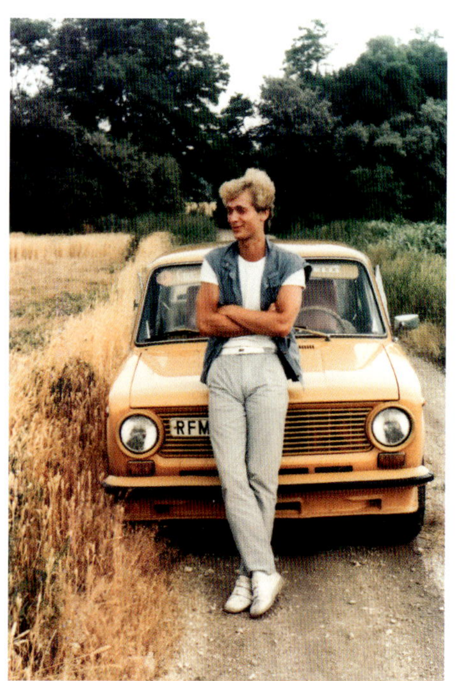

Mit Trossels Lada auf dem Weg an den Balaton. Bei einem Zwischenstopp machte ich mich für ein paar Stunden im Auto lang, Trossel versuchte, auf der Luftmatratze auf dem Dach des Autos ein wenig zu ruhen.

sie uns loswurden. Später dann drehten wir mit unseren Mopeds die ersten Runden, waren Zelten am Knappensee und fuhren zusammen nach Ungarn an den Balaton. Das war eine richtig tolle Freundschaft und ist es noch heute.

Als Kinder teilten wir eine gemeinsame Leidenschaft: das Fußballspielen! Der Wäscheplatz war unser Spielfeld, und die Wäschestangen reichten uns als Tor. Wenn Trossel im Tor stand, war das immer ein Ereignis. Er schmiss sich in die Ecken wie Claus Boden, machte Hechtsprünge wie Bernd Jakubowski – beide spielten bei unserem absoluten Lieblingsverein Dynamo Dresden. Trotzdem zappelte der Ball im Tor. Trossel war es egal. Hauptsache, er machte eine gute Figur dabei und flog waagerecht durch die Luft. Trossel war schon immer ein großartiger Darsteller. Wir hatten jede Menge Spaß und beide denselben Traum: Wir wollten Fußballer werden. Wir waren fast bei jedem Heimspiel von Dynamo im Stadion. Walter Fritzsch trainierte damals die Mannschaft, die für ihren »Dynamo-Kreisel« – eine Spielweise, bei der die Spieler ständig in Bewegung blieben und den Ball mit kurzen Pässen flach hielten – weltberühmt war. Jedenfalls für uns. Wir stritten mit den Fans von Stahl Riesa im Großen Garten um unsere Fahnen und verloren dabei. Oft flossen Tränen, wenn unsere schwarz-gelben Helden Gegentore kassierten.

Zusammen versuchten Trossel und ich es mit dem Fußballspielen bei Empor Tabak, dem Fußballverein gleich bei uns um die Ecke. Es gab nur ein

Problem: Wir waren zum Club gegangen, um zu spielen, was uns dabei störte, war das dazugehörige Training. Das war nicht unser Ding. Wir wollten nur aufs Feld und kicken.

Ich hatte tatsächlich Talent als Fußballer, und wir bäbbelten (sächsisches Wort für kicken) täglich. Das hat gepasst, und deshalb meldeten wir uns zum Probetraining bei Dynamo an. Trainer Fischer erkannte unser Talent und gab uns eine Chance. Aber hier war es natürlich genau wie bei Empor: Bevor es am Wochenende zum Spiel ging, mussten wir in der Woche kräftig trainieren. Und zwar nicht den Torriecher, sondern Laufen, Hürdenspringen, Ausdauer – und Krafttraining. Da hielt sich unser Ehrgeiz in Grenzen.

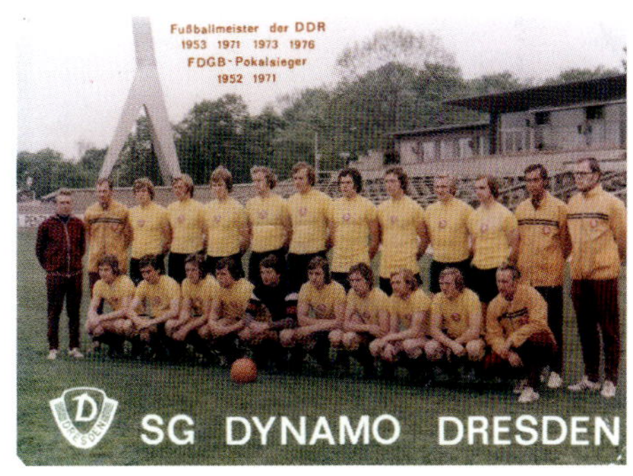

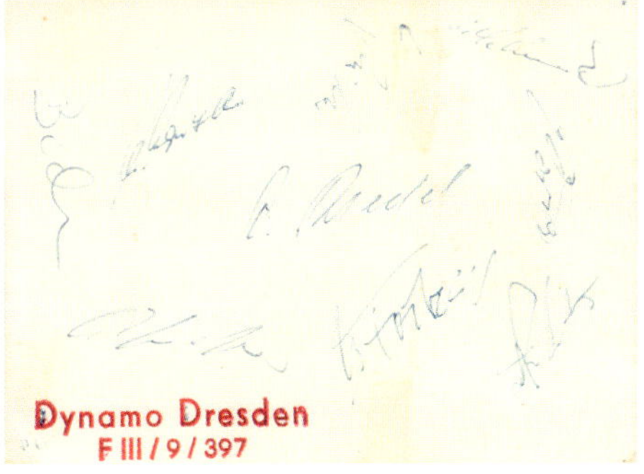

Wie stolz ich damals war, die Autogramme meiner Fußballidole von Dynamo Dresden ergattert zu haben!

Letztlich reichte es bei keinem von uns für die große Fußballerkarriere. Obendrein machte mir Morbus Osgood-Schlatter einen Strich durch die Rechnung, die sogenannte Schlattersche Krankheit. Sie tritt bei Jugendlichen in der Wachstumsphase auf. Oftmals durch Überbeanspruchung der Beine. Ich bekam beim Fußballspielen heftige Knieschmerzen. Gerade wenn ich einen schönen strammen Schuss ansetzte, tat es extrem weh. Keine gute Voraussetzung für eine Profikarriere. So war mein Fußballtraum mit vierzehn Jahren ausgeträumt.

Um Aufmerksamkeit zu erlangen, musste ich mir etwas anderes suchen. Da blieb nur eines: Ich musste auf die Bühne. Dieser Gedanke verfestigte sich in mir. Doch zunächst galt es, die Schule abzuschließen. Und meine Ausbildung.

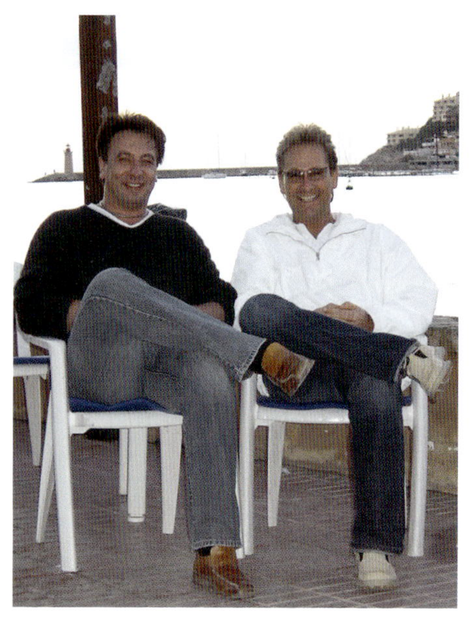

In der Zwischenzeit hatten Trossel und ich unsere ersten Freundinnen und trennten uns wieder von ihnen. Aber er blieb bis heute an meiner Seite. Trossel war immer da, wenn ich ihn brauchte. In der Schule, bei der Armee, nach meiner Rückkehr nach Dresden. Egal wie lange wir uns manchmal nicht sehen, sobald wir zusammentreffen, ist es, als hätten wir gestern noch die Schulbank gedrückt und unsere Späße gemacht. Dann reden wir manchmal darüber, wie ich meine Schlattersche Krankheit dazu benutzte, mich vor Sachen zu drücken, oder sie

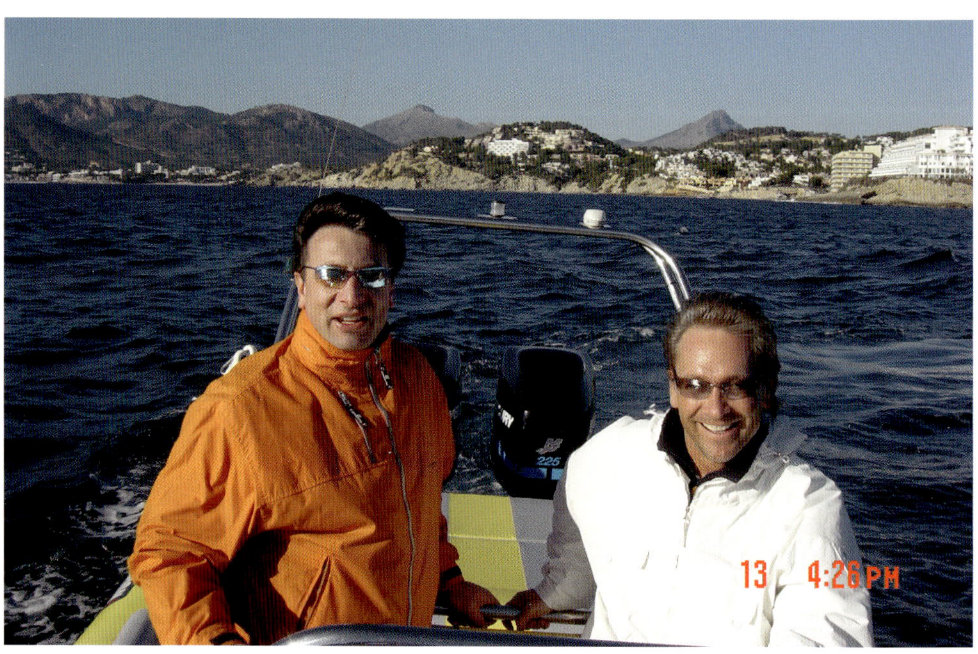

verschwieg, wenn es mir zum Vorteil gereichte. Zum Beispiel als ich Autoschlosser werden wollte.

Eine Ausbildung sollte ich ja unbedingt machen, bevor ich ins Musikgeschäft einsteigen konnte. Also entschied ich mich, genau wie mein Bruder zwei Jahre zuvor, für den Beruf des Autoschlossers. Meine Lehre absolvierte ich, wie mein Bruder, beim VEB Autoreparaturwerk Dresden, der sogenannten Automafia, in der Liebstädter Straße. Peter Lech war einer meiner Lehrmeister. Ich habe alles von der Pike auf gelernt, und es hat mir Spaß gemacht, an Trabi und Wartburg rumzuschrauben. Ich erfuhr auch, warum das Ganze »Automafia« hieß. Denn es war dort nicht anders als in vielen anderen Betrieben in der DDR – »Es gab ja nüscht« ist heute noch ein geflügeltes Wort. Es konnte dir passieren, wenn du morgens das zu reparierende Auto von der Verteilerstelle abholtest, um eine kleine oder große Durchsicht zu machen, dass hinten im Kofferraum, wie durch Zauberhand, ein Kasten Radeberger stand. Radeberger Bier war Goldstaub, und du wusstest sofort, der Kasten ist für den, der das Auto repariert. Damit er die Schrauben gut nachzieht, mal vorsorglich eine neue Bremsbacke draufmacht oder Klötzer wechselt … oder, oder. Wie gesagt, offiziell gab's ja nüscht, und wer wollte schon lange auf Ersatzteile warten. Es war also keine große Sache, bei der »Automafia« zu arbeiten, sondern normaler DDR-Alltag.

Ich brachte meine Lehre ordentlich zu Ende. Aber mir war von Anfang an klar: Du wirst auf jeden Fall die Hebebühne gegen die Showbühne tauschen.

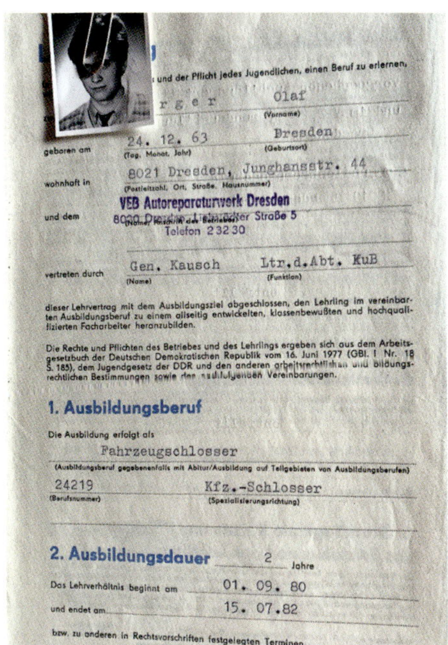

[illegible] und der Pflicht jedes Jugendlichen, einen Beruf zu erlernen,

[illegible]rger Olaf
(Vorname)

geboren am 24. 12. 63 Dresden
(Tag, Monat, Jahr) (Geburtsort)

wohnhaft in 8021 Dresden, Junghansstr. 44
(Postleitzahl, Ort, Straße, Hausnummer)

und dem VEB Autoreparaturwerk Dresden
8020 Dresden, Liebstädter Straße 5
Telefon 23230
(Name, Anschrift des Betriebes)

vertreten durch Gen. Kausch Ltr.d.Abt. KuB
(Name) (Funktion)

dieser Lehrvertrag mit dem Ausbildungsziel abgeschlossen, den Lehrling im vereinbarten Ausbildungsberuf zu einem allseitig entwickelten, klassenbewußten und hochqualifizierten Facharbeiter heranzubilden.

Die Rechte und Pflichten des Betriebes und des Lehrlings ergeben sich aus dem Arbeitsgesetzbuch der Deutschen Demokratischen Republik vom 16. Juni 1977 (GBl. I Nr. 18 S. 185), dem Jugendgesetz der DDR und den anderen [illegible] und bildungsrechtlichen Bestimmungen sowie [illegible] Vereinbarungen.

1. Ausbildungsberuf

Die Ausbildung erfolgt als
Fahrzeugschlosser
(Ausbildungsberuf gegebenenfalls mit Abitur/Ausbildung auf Teilgebieten von Ausbildungsberufen)

24219 Kfz.-Schlosser
(Berufsnummer) (Spezialisierungsrichtung)

2. Ausbildungsdauer 2 Jahre

Das Lehrverhältnis beginnt am 01. 09. 80
und endet am 15. 07.82
bzw. zu anderen in Rechtsvorschriften festgelegten Terminen.

Asche, Eid und Jugendliebe

Ich war achtzehn, meine Lehre war beendet, und ich wollte mich nun endlich voll auf die Musik stürzen. Doch daraus wurde nichts. Denn für den 7. September 1982 wurde ich zur Musterung bestellt. Die »Asche« oder »Fahne«, wie wir damals zur Armee sagten, war mir ein Graus. Ich wollte da nicht hin. Ich wollte Musik machen, genau wie mein Bruder, der schon in Papas Band *Die Virginias* spielte. Den hatten sie jedoch noch nicht gezogen, obwohl er zwei Jahre älter war als ich.

Bei der Musterung half mir auch meine »Schlattersche Krankheit« nichts. Ich wurde durchgewunken, und keine zwei Monate später kam der Einberufungsbefehl. Ausgerechnet zu den Grenztruppen in Berlin! Das war die Höchststrafe. Damals ging das Gerücht um, dass zur Grenze immer nur Sachsen gezogen wurden. Aber das machte die Sache nicht besser. Meine Mama weinte bitterlich und sorgte sich: Warum muss ausgerechnet mein Junge an die Grenze? Die müssen wohl verrückt sein! Wir haben doch auch Westverwandtschaft! Sie war fix und fertig und betete sogar zum lieben Gott. Das machte sie hin und wieder, wenn sie sich sagte: Nein, das kann der liebe Gott doch wohl nicht zulassen!

Am 4. November 1982 ließ er es trotzdem zu, und es ging für mich zur Asche nach Berlin-Treptow. Mir stellte sich damals nicht nur die Frage, wie ich die anderthalb Jahre überstehe, sondern auch, wie es mit meiner Freundin Ina weitergeht. Wir hatten uns mit vierzehn Jahren ineinander verliebt. Sie war meine große Jugendliebe. Klar habe ich auch mal nach anderen Mädchen geschaut, aber Ina war mein Ein und Alles. Trotzdem machte ich mir Sorgen. Denn aus meinem Umfeld wusste ich, dass die meisten Beziehungen

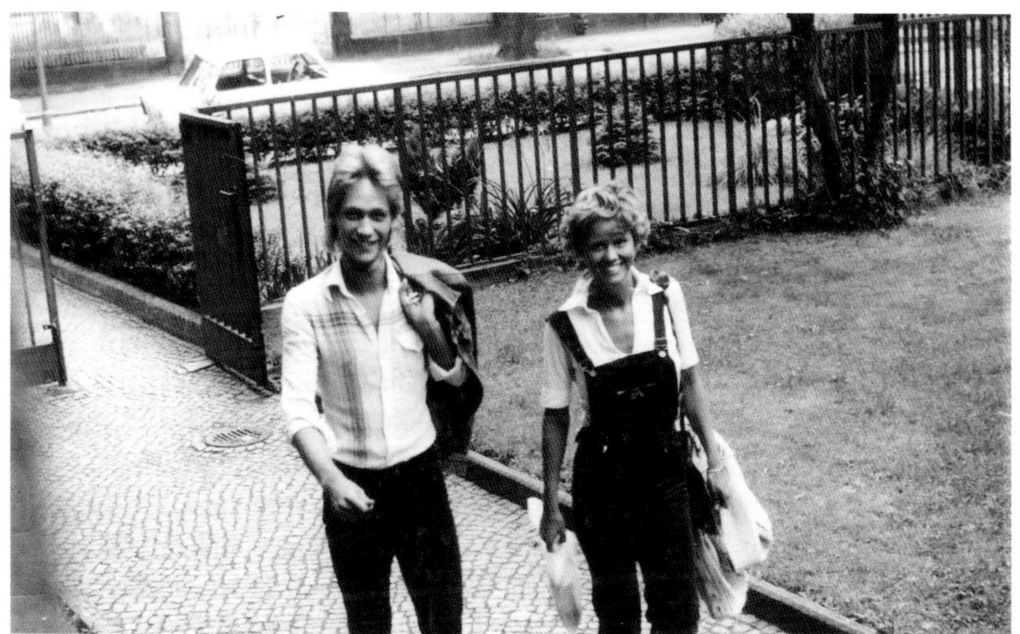

Ina und ich auf dem Weg zu ihren Eltern in Dresden

die Armeezeit nicht überstehen. Ich dachte mir, dass es dann wohl das Beste wäre, sich gleich zu trennen. Es mag heute naiv klingen, aber damals haben es viele so gemacht.

Nach einigem Hin und Her entschlossen wir uns schweren Herzens dazu, getrennte Wege zu gehen: sie zum Studium nach Leipzig, ich zur Asche nach Berlin. Wir schrieben uns weiterhin Briefe, und ich glaubte, wir würden vielleicht doch irgendwann wieder zusammenkommen. Bis meine Mutter mir eines Tages möglichst schonend versuchte beizubringen, dass meine Tante in Leipzig meine Ina mit einem anderen gesehen hatte. Hand in Hand. Ich war am Boden zerstört und voller Eifersucht.

Die Neuigkeit platzte genau in die Zeit meiner Grundausbildung hinein. Marschieren mit Gasmaske, Eskaladierwand und all das Zeug nervten mich komplett. Irgendwie fand ich mich völlig fehl am Platz. Zu meinem Ärger sollten wir auch noch diesen Eid leisten. Also laut und öffentlich sprechen,

»Ganz da hinten – kommt da irgendwann Schweden?« Er nickte mir zu, und ich dachte: Das fetzt!

Nun stand ich hier zwischen den Fronten und überlegte. Willst du jetzt den Schritt gehen und einfach alles verlassen, dieses Risiko eingehen? Nie wieder zurückkommen können? Und dann dachte ich mir: Nee, wenn ich ehrlich bin, nee. Ich fühle mich wohl. Hier bin ich aufgewachsen, hier ist meine Familie, hier sind meine Freunde. Und doch habe ich in dieser Situation das erste Mal diesen Zweifel gespürt. Man kann vorher viel darüber reden und vermuten: Was würdest du tun, wenn du in diese Situation kommst. Aber wenn sie dann passiert … Wie entscheidest du dich? Abgesehen davon stand ich mit Sicherheit unter Beobachtung, und ganz so einfach, wie ich mir das vorgestellt hatte, wäre es bestimmt auch nicht gewesen.

Ich bin jedenfalls nicht abgehauen. Weil ich mir dachte, es bieten sich im Leben sicher noch andere Möglichkeiten. Zum Beispiel mit der Musik. Womit wir jetzt wieder bei meiner Gitarre sind.

Da es an meinem Stützpunkt keine Band gab, spielte ich meistens für die Jungs auf der Bude. Wie ich schon erzählte, war ab und zu der Unteroffizier mit dabei. Dem hat das, was ich sang, gut gefallen. Deshalb riet er mir, mich bei einem Wettbewerb im Jugendtreff im Palast der Republik zu bewerben. Gesagt, getan. Es gab nur ein Problem: Ich wollte auf keinen Fall in Uniform auftreten. Ich schrieb meinem alten Schulfreund Trossel und bat ihn, mir bei seinem nächsten Besuch unbedingt ein paar Privatklamotten in den Besucherraum zu schmuggeln. Mit denen im Gepäck bin ich raus aus der Kaserne zum Bahnhof, habe mich heimlich auf der Toilette umgezogen und die Uniform im Schließfach deponiert. Ganz in der Hoffnung, dass mich keine Militärstreife beobachtet hatte. So erschien ich schließlich zur Veranstaltung als Privat-Olaf-Berger.

Wolfgang »Lippi« Lippert moderierte und führte durchs Programm. Ich sang zwei Lieder und spielte dazu Gitarre: »Es war das erste Mal im Leben« von Andreas Martin und ein eigenes – »Ratlos durch die Straßen«. Das war im Grunde genommen mein erster öffentlicher Auftritt. Dem Publikum

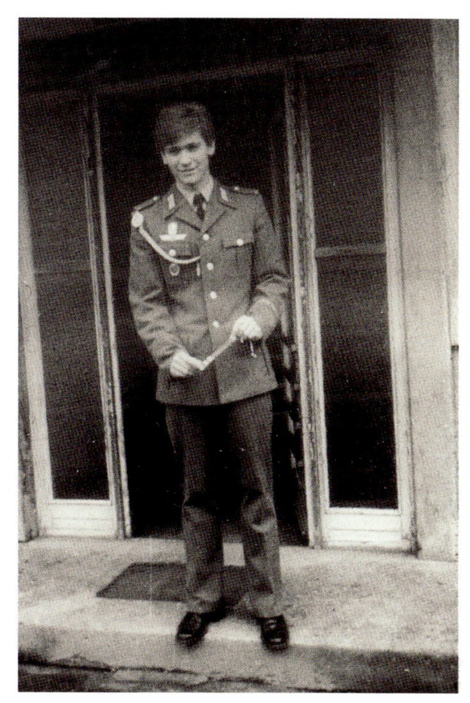

und der Jury gefiel er. Ich bekam eine Urkunde und wurde eingeladen, beim nächsten Jugendtreff wiederzukommen. Das tat ich und wurde daraufhin nochmals eingeladen. Für das dritte Mal aber hatte sich die Presse inklusive einer Jugendzeitschrift angekündigt. Nun wollte ich nicht riskieren, dass plötzlich ein Bild von mir in Zivil in der Zeitung erscheint. Das hätte mit Sicherheit einen Mordsärger gegeben. Also musste ich tatsächlich in meiner Uniform auftreten und mich outen.

An sich war man nämlich als Grenzsoldat selbst in der Hauptstadt der DDR nicht wirklich beliebt. Zumindest habe ich das so empfunden. Es konnte dir passieren, dass du in die S-Bahn stiegst und, wenn du Pech hattest, von irgendwelchen Leuten verprügelt wurdest. Viele waren der Meinung, dass alle bei den Grenztruppen ganz »Überzeugte« sind und an der Grenze die eigenen Leute erschießen. Die, die einfach nur raus wollten. Deshalb nutzte ich den Ausgang während meiner Armeezeit nicht unbedingt gern.

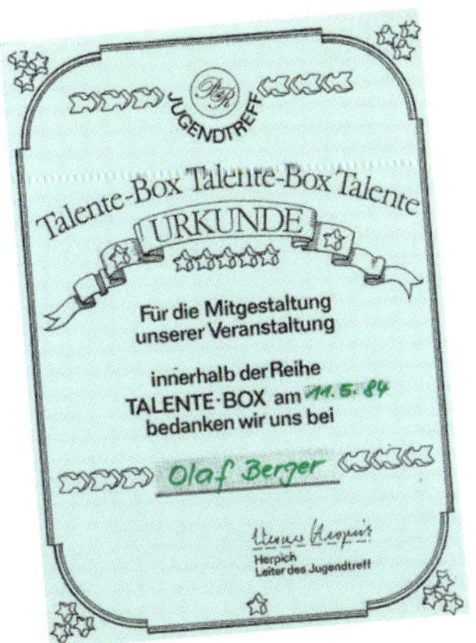

Jugendtreff

Talente-Box Talente-Box Talente

URKUNDE

Für die Mitgestaltung unserer Veranstaltung innerhalb der Reihe TALENTE-BOX am 11.5.84 bedanken wir uns bei

Olaf Berger

Herpich
Leiter des Jugendtreff

Doch auch bei meinem dritten Auftritt im Jugendtreff bekam ich eine Urkunde und bin letztlich unversehrt in der Kaserne angekommen.

Als die Armeezeit endlich endete, war ich sehr froh. Ich war wirklich richtig glücklich. Aber mit meiner Ina bin ich nie wieder zusammengekommen.

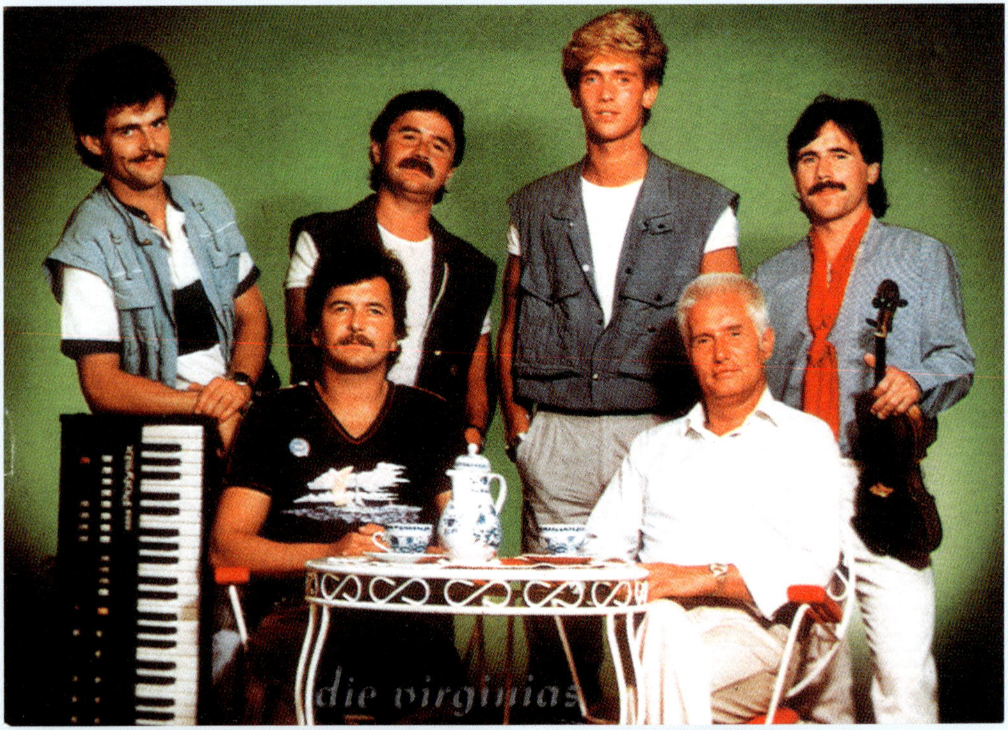

die virginias

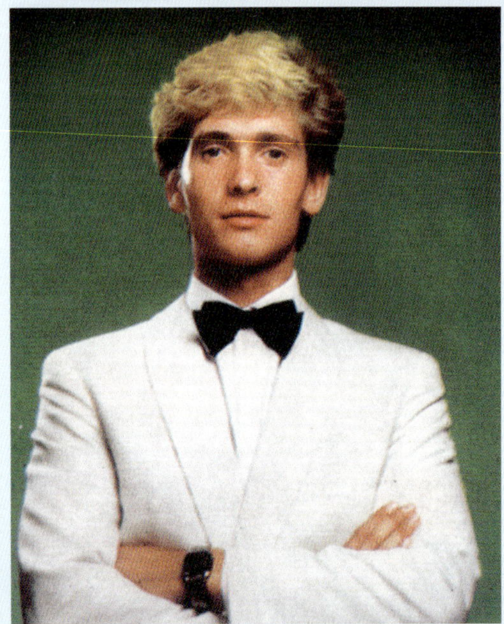

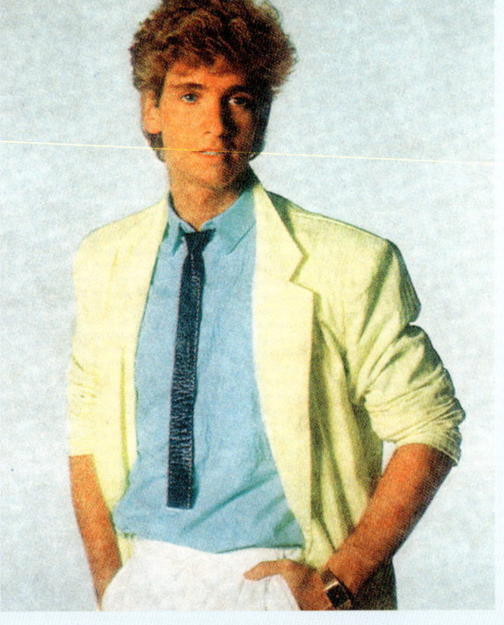

Pappe, die (ostdeutscher Begriff für Berufsausweis)

Endlich war ich aus der Armee entlassen. Jetzt wollte ich auf die Bühne und Musik machen. Ich wusste natürlich, dass ich dafür einen Berufsausweis brauche – die sogenannte Pappe! Diese staatliche Spielerlaubnis war in der DDR verpflichtend, wenn man sein Geld professionell mit Musik verdienen wollte. Vergeben wurde sie vom Rat des Bezirkes, Abteilung Kultur.

Aber ich musste logischerweise erst mal Unterricht nehmen, denn all das, was ich mir autodidaktisch angeeignet hatte, reichte natürlich nicht aus, um den Berufsausweis zu bekommen. Musiker zu sein, war damals nicht nur Berufung, sondern eben auch Beruf. Ein Handwerk. Und jedes Handwerk muss man erlernen.

Mein Papa ließ seine Kontakte spielen und vermittelte mir zwei ausgezeichnete Lehrer, beide Dozenten an der Hochschule für Musik in Dresden. Bei Prof. Walter Wirsig lernte ich Gitarre, Gesangsunterricht nahm ich bei Prof. Gloria Kolbach. Ziel war ein befristeter Berufsausweis und die Vorbereitung auf die Aufnahmeprüfung als Student an der Hochschule für Musik.

Während ich fleißig übte, war ich schon mit Papas Band auf Tour. Als Gitarrist und Sänger. Wir spielten unser Showprogramm und zum Tanz – und irgendwann auch vor einer Einstufungskommission, die mir die befristete »Pappe« als Musiker zubilligte.

Da ich in jener Zeit aber schon auf Solowegen beim Nachwuchsfestival »Goldener Rathausmann« Erfolg hatte und meine ersten Fernsehauftritte für Furore sorgten, war ich natürlich daran interessiert, einen richtigen Berufsausweis als Solist zu bekommen. Das hatte auch etwas mit der Einstufung zu

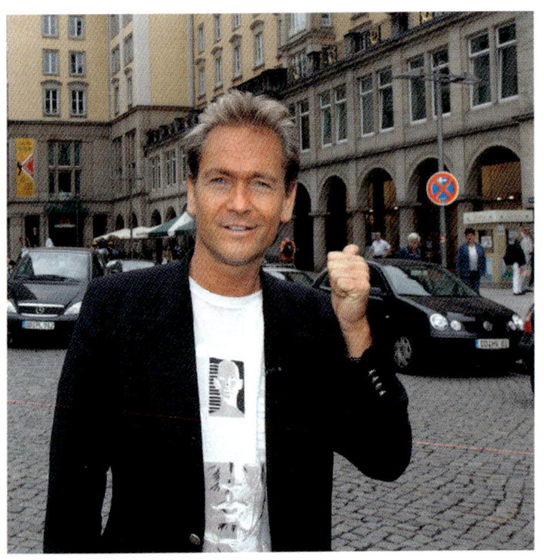

Im Juni 2005 bei der Aufzeichnung der MDR-Sendung anlässlich meines zwanzigjährigen Bühnenjubiläums, hinter mir das *Café Prag*. Durch diese Bögen zu laufen, weckte Erinnerungen an meine Auftritte mit den *Virginias*.

tun: je höher die Einstufung, desto mehr Gage konnte ich verlangen. Dabei kam mir ein glücklicher Zufall zu Hilfe.

Wir spielten mit den *Virginias* wieder einmal im *Café Prag*. Dazu muss man wissen, das *Café Prag* war nicht einfach ein übliches Café, sondern ein beliebtes Varietétheater mit Tanz. Es befand sich in der Innenstadt Dresdens, direkt am Altmarkt. Seinen Namen verdankt das Café übrigens der Dresdnerin Ingeborg Wilczek, die sich im April 1956 an einem Namenswettbewerb beteiligte und deren Vorschlag gewann. Soviel nebenbei.

Das *Café Prag* war legendär. Hier ging man nicht hin, um einfach nur einen Kaffee zu trinken. Für das *Café Prag* machte man sich schick, erwartete gutes Essen, und vor allem wollte man das Showprogramm sehen. Am Eingang des Cafés gab es eine Schautafel. Hier konnte man sich darüber informieren, welche Stars und Sternchen den Dresdnern ihre Aufwartung machten. Bekannte Conférenciers und Humoristen wie O. F. Weidling, Eberhard Cohrs und »Günthi« Krause gaben sich genauso die Klinke in die Hand wie nationale und internationale Stars der Artistik, der Zauberei, des Tanzes und der Sangeskunst. Auch leicht erotische Darbietungen waren im Programm. Aber immer stilvoll und mit Niveau.

Wir spielten dort sehr oft. Abends als Begleitband für das Showprogramm und danach noch von zweiundzwanzig bis ein Uhr in der Nacht zum Tanz. Bei diesen Tanzveranstaltungen durfte ich ein paar Solotitel singen. Nicht nur meine eigenen, sondern Lieder von Roland Kaiser und Howard Carpendale, meinen musikalischen Vorbildern. Das gefiel den Gästen, und manchmal geschah es, dass die Leute nicht mehr tanzten, sondern sich direkt vor die

Bühne stellten und mir ganz bewusst zuhörten. Ein tolles Gefühl. Davon wollte ich mehr!

Und nun kam der Zufall ins Spiel. Eines Tages fiel im Showprogramm die Starsängerin aus. Ich meine, es war Helga Brauer. Sie war krank geworden. Die älteren Leserinnen und Leser erinnern sich sicherlich noch an ihren Titel »Schwarzer Kater Stanislaus (schnurre-di-burre-di-bumm)«. Jedenfalls brauchte es einen Ersatz. Da schlug der Direktor der Konzert- und Gastspieldirektion (KGD) von Dresden, Hans John, meinem Papa vor: »Lass doch deinen Sohn singen. Der ist jetzt sowieso in aller Munde, und seine Titel werden sogar schon im Radio gespielt.«

Clever wie mein Papa war, packte er in diesem Moment den Stier bei den Hörnern. Er sagte zu Hans John: »Ja, aber der Olaf, der darf das doch noch gar nicht. Der hat ja keinen Solistenausweis, der ist nur als Musiker bei mir.«

Hans John winkte ab und versicherte meinem Vater: »Mach dir keine Gedanken, das kriegen wir schon hin.«

An dieser Stelle katapultierten mich das Quäntchen Glück und die Chuzpe meines Vaters in den siebten Musikerhimmel. Am 3. Februar 1986 bekam ich meinen befristeten Soloausweis und musste dafür nicht einmal vorsingen. Ich hatte endlich eine »Solo-Pappe«!

Endlich habe ich sie: meine »Zulassung für freiberufliche Tätigkeit auf dem Gebiet der Unterhaltungskunst«.

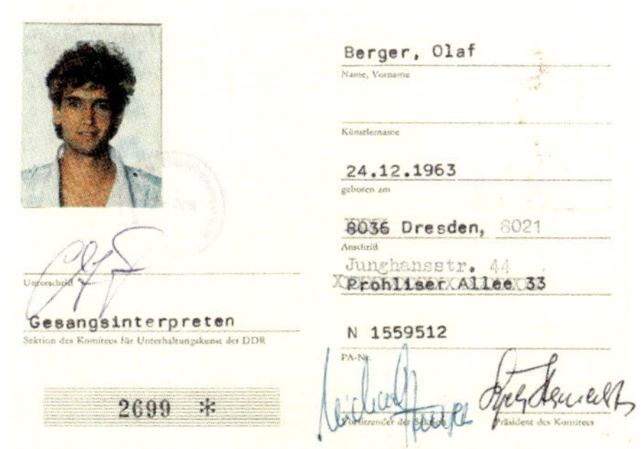

Berger, Olaf
Name, Vorname
Künstlername
24.12.1963
geboren am
8036 Dresden, 8021
Anschrift
Junghansstr. 44
Prohliser Allee 33
Unterschrift
Gesangsinterpreten
Sektion des Komitees für Unterhaltungskunst der DDR
N 1559512
PA-Nr.
2699 *
Präsident des Komitees

Mein Mitgliedsausweis vom Komitee für Unterhaltungskunst der DDR

Erhard Juza und die Sekretärin

Im Jahr 1985 sollte sich für mich alles ändern. Die Ereignisse überschlugen sich, als würde mich eine Zeitmaschine in eine andere Dimension beamen. Ich war einundzwanzig Jahre jung – und am Ende des Jahres hatte sich meine Welt komplett gedreht.

Großen Anteil daran hatte der Sänger Erhard Juza. Er besaß, wenn ich das sagen darf, so ein gewisses »Peter-Wieland-Timbre« in seiner Stimme und sang bei uns im Tourneeprogramm als Solist seine Schlager, interpretierte aber auch sehr gekonnt Hits von Udo Jürgens. Juza war kein unbeschriebenes Blatt. Er trat im Fernsehen auf, produzierte im Rundfunk und veröffentlichte sogar eigene AMIGA-Platten. Erhard war ein super Kollege und ein feiner Mensch. Hatte er Zeit und Muße, beobachtete er meine Gesangseinlagen, wenn wir nach dem Showprogramm noch zum Tanz spielten. Eines Tages kam er danach auf mich zu und sagte: »Mensch, Olaf, du bist jung, kommst gut rüber und bist ein super Typ. Vielleicht kann ich ja was für dich tun.«

Ich fand das wirklich klasse, denn es war nicht selbstverständlich, dass sich ein gestandener Künstler so für einen engagiert. Erhard wusste auch, dass ich mit meinem Bruder schon den ein oder anderen eigenen Titel bei uns im »Küchenstudio« aufgenommen hatte. Ich gab ihm meine Kassette, und er versprach mir, diese seinem Produzenten beim Rundfunk, Jürgen Fromm, zukommen zu lassen.

Dann passierte eine ganze Weile gar nichts. Aber ich war angestachelt. Und ich bewarb mich gleichzeitig mit meinem damals noch befristeten Berufsausweis als Sänger beim »Goldenen Rathausmann«. Das Festival zur

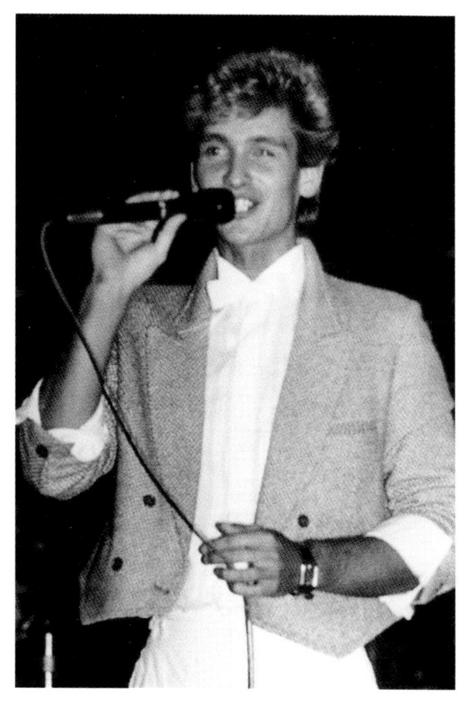

Förderung von Nachwuchskünstlern der Unterhaltungsmusik fand seit 1978 parallel zum »Internationalen Schlagerfestival« im Dresdner Kulturpalast statt. Der »Goldene Rathausmann« war ein Sprungbrett für viele später sehr bekannte Künstler wie Petra Zieger, Anett Kölpin oder Arnulf Wenning.

Zu meiner Freude wurde ich für den Wettbewerb zugelassen – in der Kategorie »Solist, professionell«. Ich weiß es nicht mehr ganz genau, aber ich glaube, man musste sich mit zwei oder drei Songs vorstellen. Bei meinem Auftritt begleitete mich die renommierte *Theo Schumann Combo*. Da ich das Singen mit Live-Band aber gewohnt war und die *Theo Schumann Combo* allesamt ausgezeichnete Musiker waren, fühlte ich mich sicher und hatte beim Auftritt ein gutes Gefühl.

In der Jury saß auch Hartmut Schulze-Gerlach, alias »Muck«. Der hatte sich 1977 als Solist mit dem Titel »He, kleine Linda« in die Herzen der Schlagerfans gesungen und war ein renommierter Komponist und Arrangeur. Als Moderator verantwortete er seit einigen Jahren die Talente-Show »Sprungbrett« im Fernsehen der DDR. Nach meinem Auftritt kam er zu mir und sagte: »Olaf, egal wie das Schießen hier für dich ausgeht, ich hole dich auf jeden Fall in meine Sendung. Wir sehen uns!«

Schließlich gewann ich beim »Goldenen Rathausmann« den »Förderpreis der Bezirkskommission für Unterhaltungskunst beim Rat des Bezirkes Dresden«. Was für ein Wortungetüm! Aber mir garantierte dieser Preis einen Fördervertrag über zwei Jahre. Vom 1. Januar 1986 bis 31. Dezember 1987 bekam ich – kostenlos – eine Ausbildung in den Fachgebieten Gesangsunter-

Bezirkskommission für
Unterhaltungskunst Dresden

F Ö R D E R V E R T R A G

Zwischen der Bezirkskommission für Unterhaltungskunst
beim Rat des Bezirkes Dresden
vertreten durch den Vorsitzenden
Genossen Ulf Trebesius

und Herrn
Olaf Berger
Junghansstr. 44, Dresden, 8 0 2 1

Es wird ein Vertrag zur Förderung und Qualifizierung eines Künstlers auf dem Gebiet der Unterhaltungskunst abgeschlossen.

1. Die Förderung erfolgt mit der Zielstellung, den Künstler so zu qualifizieren, daß er hohen ideologischen, ästhetischen und künstlerischen Ansprüchen gerecht wird.

2. Zur Erreichung dieser Zielstellung übernehmen
Frau Gloria K o l b a c h und Herr Jürgen F r o m m
die Mentorenschaft.
Die Betreuung und Beratung erfolgt nach gegenseitiger Absprache zwischen Mentoren und Künstler.

3. Der Künstler erhält eine Ausbildung in den Fachgebieten
   - Gesangsunterricht
   - Sprecherziehung
   - Tanz

   Die Kosten zur Herstellung von Autogrammbildern sowie der Entwurf und die Anfertigung eines Kostüms pro Jahr auf der Grundlage des geltenden Rechts werden von der Bezirkskommission für Unterhaltungskunst übernommen.

4. Der Beauftragte des Vorsitzenden der BKUK führt mit dem Interpreten und den Mentoren zweimal im Jahr eine Konsultation durch.

5. Der Interpret verpflichtet sich:
   - im Rahmen seiner künstlerischen Tätigkeit an der Weiterentwicklung der sozialistischen Unterhaltungskunst mitzuwirken;
   - die von den Mentoren gestellten Aufgaben und Hinweise gewissenhaft einzuhalten;
   - vertragliche Bindungen, die über Tageseinsätze hinausgehen, sowie Vertragsabschlüsse mit den Massenmedien, mit den Mentoren abzusprechen;
   - die politisch-ideologischen Qualifizierungsmaßnahmen der Bezirkskommission für Unterhaltungskunst (Bildungstage) - entsprechend seiner Möglichkeiten - wahrzunehmen.

6. Der Fördervertrag gilt für den Zeitraum

   vom 1. Januar 1986 bis 31. Dezember 1987

   Dieser Vertrag kann nur im gegenseitigen Einverständnis und in schriftlicher Form geändert werden.
   Er begründet kein Arbeitsrechtsverhältnis auf der Grundlage des Arbeitsgesetzbuches.

Dresden, den 08.05.1986

i.A. [Unterschrift] Ulf Trebesius, Vorsitzender — Hans John, Dir. KGD — Olaf Berger

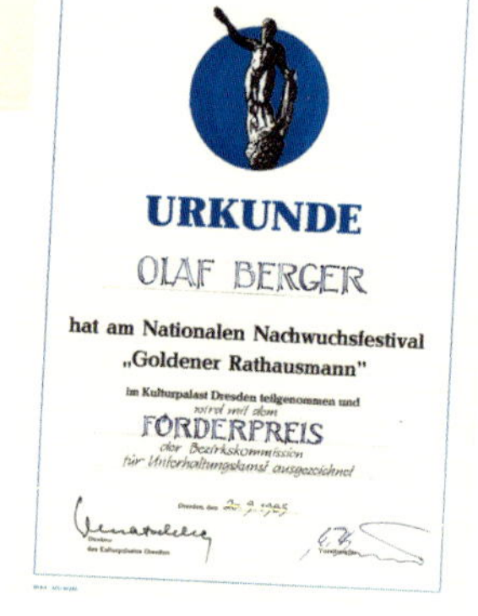

URKUNDE

OLAF BERGER

hat am Nationalen Nachwuchsfestival
„Goldener Rathausmann"
im Kulturpalast Dresden teilgenommen und
wird mit dem
FÖRDERPREIS
der Bezirkskommission
für Unterhaltungskunst ausgezeichnet

richt, Sprecherziehung und Tanz. Dieser Preis war mir tausendmal lieber als eine Urkunde oder ein Pokal, den ich mir in die Vitrine stellen konnte. Dass man damals als junger Künstler an die Hand genommen wurde und eine solide Ausbildung erhielt, finde ich beispielhaft. Ich wünschte, so würden junge Talente auch heute gefördert.

Zurück zu Erhard Juza und meiner Kassette. Eines Tages, kurz nach dem Festival, meldete sich Jürgen Fromm bei mir und lud mich nach Berlin ein. Erst später habe ich erfahren, welchen Weg meine Kassette im Rundfunk der DDR nahm: Jürgen Fromm hörte sich meine Lieder an und fand sie, wie soll ich sagen, nicht gerade prickelnd. Er legt die Kassette beiseite. Auf irgendeine Art und Weise landete sie im Vorzimmer bei seiner Sekretärin. Diese kramte sie hervor und legte sie in ihren Rekorder. Ob sie dabei ihr Pausenbrot aß? Wer weiß. Ich weiß nur eines: Was sie hörte, gefiel ihr. Es klang für sie jung, unschuldig, einfach süß! Sie stellte fest: Das hat irgendwas. Ihr Hörerlebnis teilte sie nun wiederum ihrem Chef Jürgen Fromm mit, der mich daraufhin doch zu sich einlud. An dieser Stelle möchte ich mich noch einmal ganz herzlich bei dieser guten Fee bedanken.

Jürgen Fromm holte für mich den Texter Dieter Schneider und den Komponisten und Produzenten Lothar Kehr ins Boot. Sie schrieben gemeinsam den Titel »Es brennt wie Feuer« als Auftragsproduktion des Rundfunks der DDR. Mit diesem Titel sollte sich in meinem Musikerleben alles verändern. Er wurde mein erster großer Erfolg, und noch heute verbinden die Leute meinen Namen mit diesem Hit.

Ab jetzt ging alles Schlag auf Schlag, oder besser gesagt: Schlager auf Schlager.

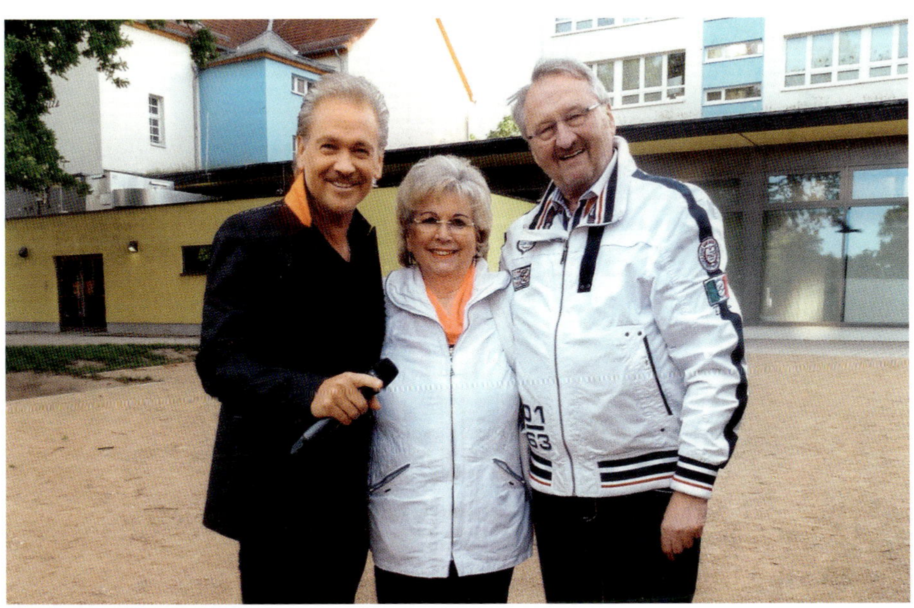

Im Mai 2014 traf ich Erhard Juza und seine Partnerin Ingrid Eckhardt beim Heimatfest in Erkner.

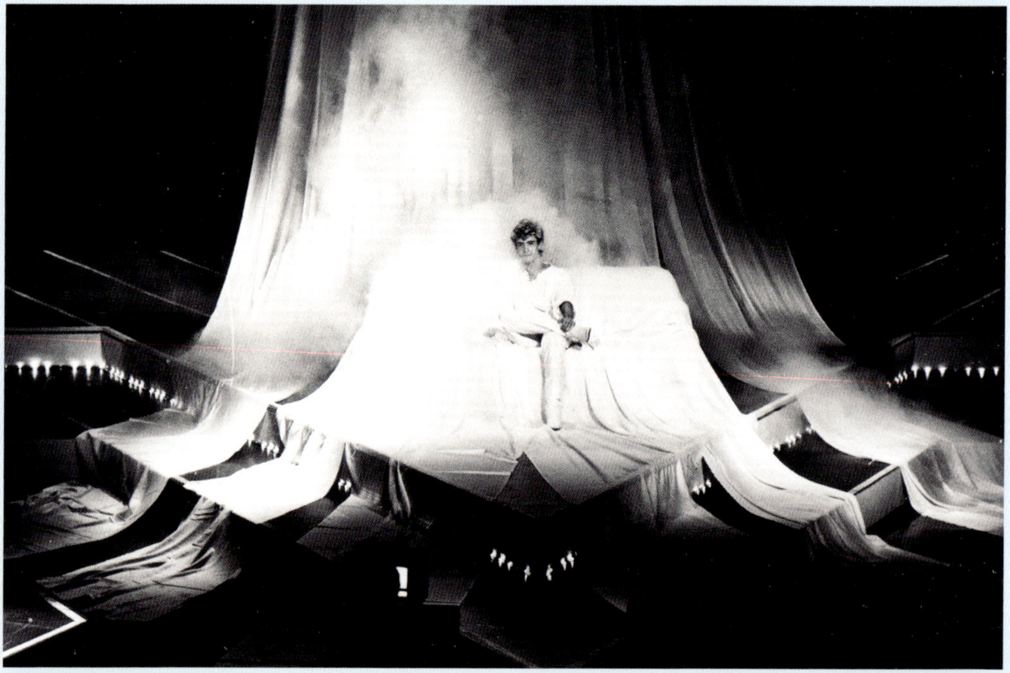

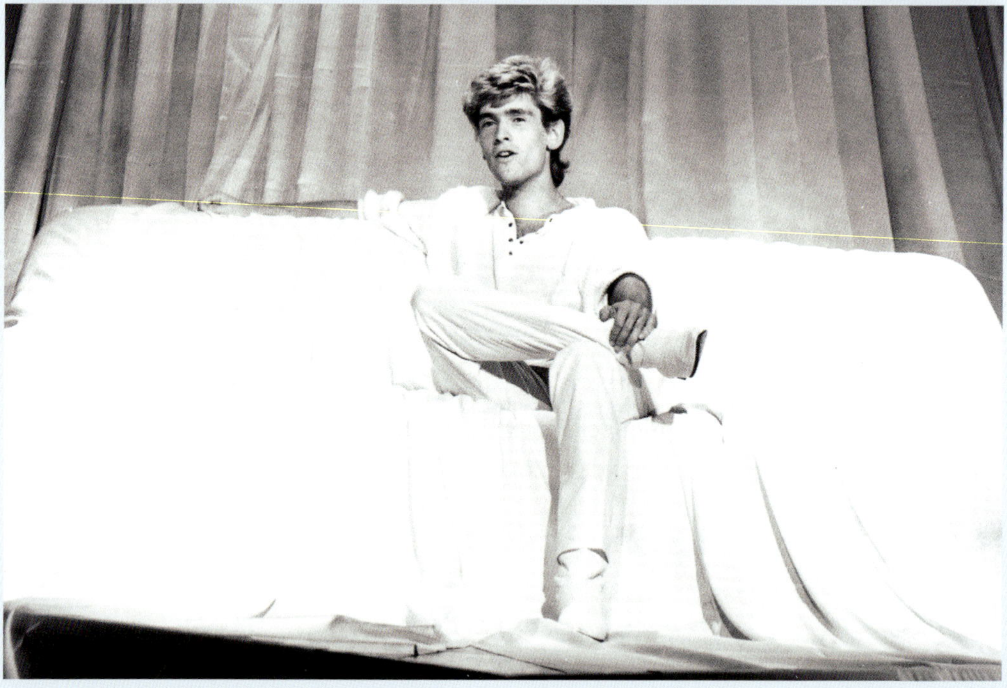

»Sprungbrett«, »Bong« und Gegenwind

Muck hielt sein Versprechen, und ich sollte in der Sendung »Sprungbrett« auftreten. Es war meine Fernsehpremiere mit dem Lied »Es brennt wie Feuer«. Zu Hause grübelten meine Mama und ich, wie ich mich vor der Kamera am besten präsentiere. Wir entschieden uns für »Roy-Black-like«. Ganz in Weiß! Die weiße Jeanshose und den weißen Pullover kauften wir in Dresden im *Exquisit*. Es waren österreichische Produkte. Guck an! Fehlten nur noch weiße Schuhe. Aber die gab es für Männer nicht. Also sind wir in die Damenabteilung und haben tatsächlich weiße Damenstiefel in der Schuhgröße 42 gefunden. Ich sah aus wie Wanja aus einem russischen Märchenfilm.

Im Fernsehstudio in Berlin-Adlershof wurde ich freundlich begrüßt und hatte das Gefühl, das hier könnte was werden. Alle fanden das Lied irgendwie ganz schön und mich irgendwie ganz niedlich. Ganz unter dem Motto: Ein schöner Schlager, ein schöner Jüngling, das tut keinem weh und ist auch mal was Neues.

Auch das Bühnenbild wurde meinem Outfit entsprechend angepasst. Ich saß auf einem weißen Sofa, abgehangen mit weißen Gardinen und weißen Seidentüchern. Es schwallte weißer Nebel, und ich performte bei der Probe lässig mein Lied. Dabei bewegte ich meinen Fuß im Rhythmus hin und her. Alles war weiß, außer meiner schwarzen Schuhsohle. Die störte das Gesamtkunstwerk. Kurzerhand kam der junge Kameramann Matthias Edlich mit weißer Kreide zu mir und verwandelte das störende schwarze Objekt in eine weiße Sohle. Das Bild war gerettet.

Damals konnte ich noch nicht wissen, dass ich gemeinsam mit Matthias, der später Regisseur wurde, und dem Redakteur Uwe Klosterknecht viele schöne Sendungen für den MDR gestalten würde. Wir haben uns oft und gern an dieses erste Zusammentreffen erinnert.

Schlag auf Schlag ging es nach diesem Auftritt für mich weiter. Die nächste Fernsehsendung wartete schon: »Bong«, moderiert von Jürgen Karney, war eine sehr erfolgreiche Wertungssendung, quasi »unsere ›ZDF-Hitparade‹«, in der vor allem Popmusik, aber auch Schlager präsentiert wurden. Schon auf der Hinfahrt schlackerten mir die Knie, weil ich ahnte, dass ich ein Interview geben muss. Hochdeutsch zu singen, bekam ich ganz gut hin. Aber ein Interview mit meinem sächsischen Dialekt? Was würden die Leute davon halten? Sächsisch war ja nun nicht gerade populär in unserer Republik, außer bei beliebten Humoristen und Komikern. Ich hatte damit schon so manche Erfahrung gemacht.

In der Sprecherziehung, die ich durch meinen Fördervertrag erhielt, war ich mit meinem Glauben an meine hochdeutsche Aussprache schon kräftig aufgelaufen. »Ich spreche doch schon Hochdeutsch«, sagte ich zu meiner Lehrerin und fragte sie, was ich denn noch lernen solle. Daraufhin spielte sie mir eine Aufnahme von mir vor, und als ich mich da hörte, merkte ich: Junge, du bist sowas von auf dem Holzweg. Das hörte sich »furschbar« an. C-h und s-c-h verwechsle ich übrigens manchmal heute noch.

Ich hatte also wahnsinnigen Schiss vor jedwedem Interview, und als ich nach Berlin fuhr, dachte ich die ganze Zeit: Hoffentlich geht der Kelch an dir vorüber, hoffentlich musst du nichts sagen, hoffentlich musst du nicht mit Karney ins Interview. Aber natürlich musste ich. Und cool sein wollte ich dazu ja auch noch. Jürgen Karney fragte mich, wie es mir gehe, und ich antwortete ganz leise und schüchtern, im schönsten sächsischen Dialekt: »Nu ja, ich bin mid meim Durneebrogramm underwegs.«

So ging es eine ganze Weile weiter, und ich wünschte mir die ganze Zeit nur eines: Lass es bitte schnell vorbei sein. Die Reaktionen auf mein Interview aber waren ganz anders, als ich gedacht hatte. Vielleicht war es mein Charme, vielleicht meine Jugendlichkeit, aber auch die Schüchternheit, es

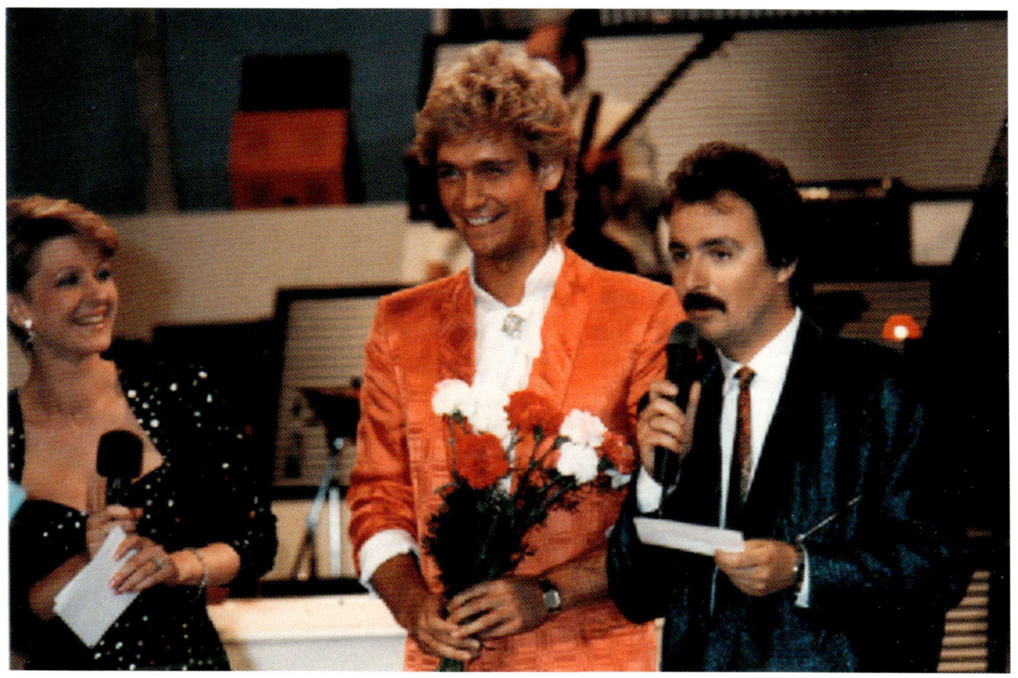

Mit Carmen Nebel und Jürgen Karney bei der Fernsehaufzeichnung: »Nu ja, ich bin mid meim Durneebrogramm underwegs.«

passierte jedenfalls genau das Gegenteil: Den Leuten gefiel es. Wahrscheinlich war es genau *das*, was meinen Erfolg ausmachte.

Auch hinter der Kamera bemerkte ich einen wohlwollenden Umgang mit mir. Karney, der rhetorisch immer gut drauf war und gern einen auf der »Pfanne« hatte, meinte es gut mit mir. Und wenn ich in die Maske kam, »buhlten« die Maskenbildnerinnen darum, wer mich verschonern darf. Sie föhnten und richteten meine Haare, und wir machten unsere Späße.

Darüber hinaus muss ich sagen, dass ich immer versucht habe, meinen Erfolg realistisch einzuschätzen. Für mich war schon damals klar: Wegen meiner tollen Stimme bin ich mit Sicherheit nicht hier. Ich sah mich aber auch nie als einen Old Shatterhand, Gojko Mitic oder sonst was für einen tollen Hecht. Mir war bewusst: Es gibt Tausende gute Sänger, aber für den

Erfolg muss einfach das Gesamtpaket stimmen. Wenn man das für sich selbst wahrnimmt und sich noch dazu nicht zu wichtig nimmt, ist man auf dem richtigen Weg. Vor allem bin ich der Meinung, dass man auch anderen den Erfolg gönnen soll. Dabei muss ich an die Worte meines Freundes und Kollegen Bernd Clüver denken, den »Jungen mit der Mundharmonika«. Er sagte zu mir: »Oli, ich habe mich nie als großen Sänger, sondern immer als Interpreten gesehen. Den Leuten etwas mit meinen Liedern zu erzählen und zu geben, das war mir wichtig.« Und Bernd hatte wirklich eine markante und unverwechselbare Stimme.

Ich lernte in meiner Karriere viele Leute aus den unterschiedlichsten Gewerken kennen. Ob das nun der Kabelhalter, der Bühnentechniker oder die Produktionshilfe war: Alle verdienen Wertschätzung. Man trifft sich im Leben nämlich wirklich immer zweimal. Ich habe mit Leuten zusammengearbeitet, auch beim MDR, die mir am Anfang als Aufnahmeleiter einen Kaffee besorgten. Später waren manche von ihnen in leitenden Positionen. Wenn ich sie wiedertraf, konnten wir uns immer noch auf einer Ebene unterhalten und in die Augen schauen, denn ich habe niemals den »Künstler« raushängen lassen. Ich versuche stets, einen menschlichen Umgang zu pflegen, egal in welcher Position der eine oder andere sich im Leben befindet. Ich glaube ganz fest, dass sich das am Ende auszahlt.

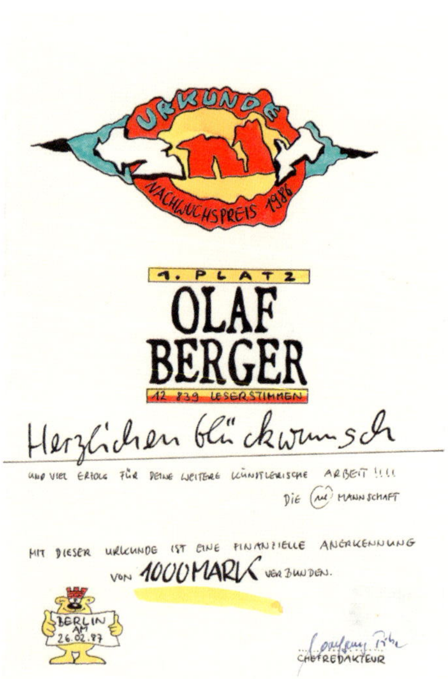
URKUNDE

NACHWUCHSPREIS 1986

1. PLATZ

OLAF BERGER

12 839 LESERSTIMMEN

Herzlichen Glückwunsch

UND VIEL ERFOLG FÜR DEINE WEITERE KÜNSTLERISCHE ARBEIT !!!!

DIE NL MANNSCHAFT

MIT DIESER URKUNDE IST EINE FINANZIELLE ANERKENNUNG VON 1000 MARK VERBUNDEN.

BERLIN AM 26.02.87

CHEFREDAKTEUR

Nachwuchspreis des Jugendmagazins *Neues Leben*, 1986

Meine Karrierekurve ging jedenfalls in jenen Zeiten steil nach oben. Ich gewann fünf »Silberne Bongs«, sang in den größten Shows des DDR-Fernsehens und wurde 1986 zum Lieblingsstar der Fernsehzeitschrift *FF dabei* gewählt.

AMIGA veröffentlichte 1987 mein erstes Album *Es brennt wie Feuer*. Das Album wurde »vergoldet«, und sie verdienten nicht schlecht an mir. An den Umsätzen wurde ich als Sänger nie beteiligt. Ich weiß noch, kurz nachdem die Platte veröffentlicht wurde, ging ich zu einer Autogrammstunde im Musikgeschäft »Melodie und Rhythmus« in Dresden. Mein Freund Trossel fuhr mich hin und setzte mich in der Straße ab. Vor dem Laden standen Hunderte Fans, und ich dachte noch: O Gott! Sind die etwa alle wegen mir hier? Es war irre.

Ich hatte Erfolg – und den hatte ich mir erarbeitet. Oft hörte ich am Anfang noch: »Ach, das ist nur eine Eintagsfliege.« Doch Titel für Titel und auch das straffe Live-Geschäft mit Papas Band brachten Erfolge und Fans. Trotzdem spürte ich hier und da schon mal Gegenwind. In Erinnerung ist mir vor allem eine Veranstaltung in der Stadthalle in Karl-Marx-Stadt (heute: Chemnitz) geblieben. Das war dann schon 1988. In der DDR gab es keine goldenen Schallplatten und deshalb wurde die »Goldene Amiga« aus der Taufe gehoben. Die Verleihung wurde vom Fernsehen mitgeschnitten. Zehn Künstler verschiedener Genres standen an diesem Abend gemeinsam auf der Bühne und bekamen für ihre guten Verkaufszahlen die »Goldene Amiga« verliehen. Frank Schöbel wurde für seine großartige Weihnachtsplatte ausgezeichnet. In der Kategorie Liedermacher gewannen Gerhard Schöne und Kurt Demmler. *Silly* und *City* vertraten die Rocker, und ich bin für den Schlager angetreten. Meine Laudatio schrieb damals Günter Görz, Redakteur und Kritiker des *Neuen Deutschland*:

> *Dieser Senkrechtstarter des Schlagergesangs erweist sich wie sein erster großer Hit »Es brennt wie Feuer« seit 1985 durchaus als Dauerbrenner. Die Sympathien seines Publikums – wen wundert's, vorwiegend Hörerinnen – sind mehr als nur ein Strohfeuer. Wer wagt zu entscheiden, ob die Zuneigung mehr dem angenehmen attraktiven Äußeren des jungen Man-*

nes gilt oder dem warmen Timbre seiner Stimme, den einschmeichelnden gefühligen Melodien, den Liedinhalten. Schließlich singt er, wie kann es anders sein, von Liebe. Sicher ist's das harmonische Miteinander all dieser Details, das die Wirkung ausmacht. In einer Zeit, da in der populären Musik oft Extravaganzen im Habitus gesetzt werden, hat er den Mut, sich als netter junger Mann von nebenan zu präsentieren. Wenn Schlager so etwas wie Märchen für Erwachsene sind, ist Olaf Berger einer der erfolgreichsten Märchenerzähler unserer Tage. Wer zieht sich nicht gern einmal aus prosaischer Wirklichkeit, und sei es nur für Momente, zurück?

Ein märchenhafter Aufritt wurde es an diesem Abend für mich allerdings nicht. Bei der Gala spielten alle live. Ich hatte meine Band *Die Virginias* mit dabei. Mein Bruder hatte die neuergatterten Computer programmiert, mit deren hochwertigen Sounds wir richtig knackige, zeitgemäße Schlager spielen konnten. Schon bei den Proben bemerkten wir jedoch, wie uns nicht nur anwesende Künstler, sondern auch die Techniker etwas überheblich von oben herab behandelten. So unter dem Motto: Macht euch mal keine Gedanken, euren Schlagerquark kriegen wir schon zum Klingen.

Die Sendung lief, aber wenige Minuten bevor wir auf die Bühne mussten, fiel plötzlich, wie aus heiterem Himmel, bei unserem kompletten Equipment der Strom aus. Mein Bruder hatte alle Hände voll zu tun, die Computer wieder hochzufahren, um rechtzeitig zu unserem Auftritt startklar zu sein. Zum Glück schaffte er es. Ich ging auf die Bühne und merkte sofort: Hier stimmt etwas nicht. Ich hörte mich einfach nicht. Die Band hörte ich auch nicht. Jeder, der schon einmal auf einer Bühne gesungen hat, weiß, dass man Monitorlautsprecher braucht, um sich und die Instrumente zu hören und um sauber singen zu können. Ich schaute mich um und sah das Dilemma: Die Lautsprecher waren komplett von mir weggedreht. Ich weiß nicht, ob sich die Techniker hinter der Bühne ins Fäustchen gelacht oder einfach nur vergessen hatten, ihren Job richtig zu machen. Ich jedenfalls bin auf der Bühne fast gestorben. Es war, ich sag es frei heraus, ein Scheißauftritt, und es hätte

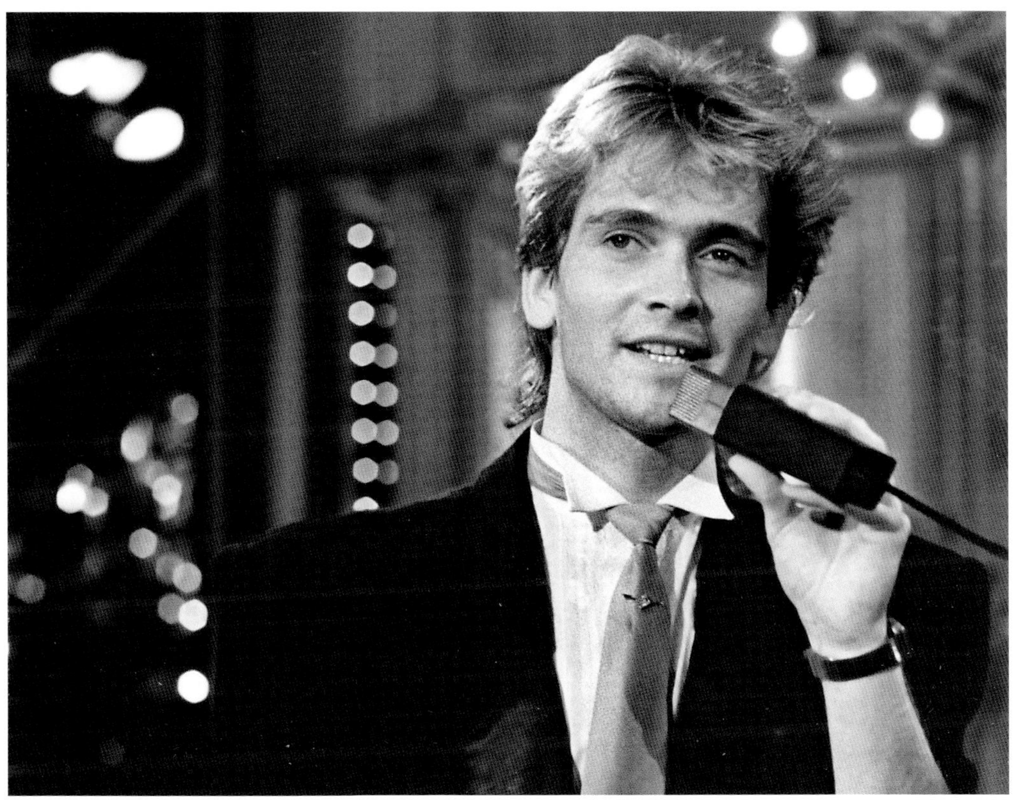

Bei einem Auftritt in der Sendung »Bong« sang ich 1988 »Verzeih mir meine Tränen«.

durchaus mein Karriere-Killer sein können, denn wichtige Macher und Entscheider schauten sich diese Sendung selbstverständlich an.

Ich ging von der Bühne und dachte: Oh, hier wird aber mit harten Bandagen gekämpft. Das kannte ich so noch nicht. Wahrscheinlich gefiel es manchen aus der Szene nicht, dass ich, der kleine Schlagersänger aus Dresden, plötzlich den ein oder anderen auf der Karriereleiter hinter mir gelassen hatte. Aber was soll's, ich bin meinen Weg einfach weitergegangen, und diese vier Jahre des Erfolges in der DDR waren nicht nur kometenhaft, sondern auch die Grundlage dafür, dass noch heute viele Leute sagen: »Olaf Berger, ach, den kenne ich noch aus DDR-Zeiten.« Das finde ich gut.

Wenn die Postfrau nicht mehr klingelt

Frank Schöbel, eines meiner Jugendidole und ein heute befreundeter Kollege, hat es schon immer gewusst. Sein Liedtext »Die Fans sind eine Macht, wer keine hat, gut' Nacht!« trifft den Nagel auf den Kopf. Fans sind wirklich das A und O für jeden Künstler. Ohne Fans bist du einfach nichts – da kannst du einpacken. Ich bin ganz schön stolz darauf, dass bei meinen Aufritten heute mehrere Generationen vor der Bühne stehen. Viele Fans der ersten Stunde sind in meinem Alter, sie haben später ihre Kinder mitgebracht und manche von denen sogar ihre kleinen Zwerge. Treue Fans sind das Beste, was dir passieren kann.

Angefangen hat alles kurz nach meinem ersten Auftritt in der Fernsehsendung »Sprungbrett«. Damals wurden oft noch die Privatadressen der Künstler eingeblendet. Bei mir stand: 8021 Dresden, Junghansstraße 44. Und dann ging die Autogrammpost richtig ab. Da klingelten auch ab und zu mal junge Mädchen bei uns zu Hause an der Tür.

Meine Mama hat sich der Sache aber schnell angenommen und die Briefe beantwortet. Liebevoll schrieb sie meist: »Hier ist die Mutti von Olaf. Lieben Dank für den Brief …« und so weiter. Weil es aber immer mehr Briefe wurden, ließen wir dann relativ schnell Autogrammkarten drucken. Wenn ich zu Hause war, habe ich versucht, sie alle mit einer persönlichen Widmung zu unterscheiben, und meine Mama hat sie eingetütet.

Doch dann begann der pure Wahnsinn. Die meisten Mädchen schrieben mir sofort zurück, um sich wiederum für das Autogrammfoto zu bedanken. Das Ganze nahm unerwartete Ausmaße an, und unsere Postfrau drehte langsam durch. Am Anfang kam sie immer noch mit den Briefen in der Hand und rief ganz aufgeregt: »Frau Berger, Frau Berger! Es ist wieder Post für den Olaf mit dabei. Ich freu mich so für Ihren Sohn.« Später passten die Autogrammwünsche nicht mehr in unseren Briefkasten und sie kam mit einem extra Beutel. Schließlich reichte auch der nicht mehr aus, und sie musste mit Fahrrad und Anhänger kommen. Am Ende kam sie gar nicht mehr. Sie hatte sich in ein anderes Gebiet versetzen lassen. Wahrscheinlich war es ihr einfach zu beschwerlich geworden.

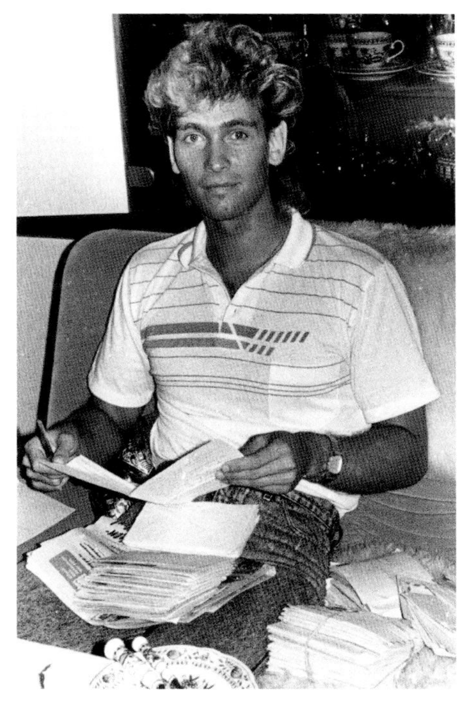

Meine Mama hat Hunderte dieser Briefe fein säuberlich zwischen Aktendeckel geheftet. Die besitze ich heute noch. Wenn ich manchmal für Talkshows oder Interviews nach Erinnerungen und kleinen Geschichten suche, fallen mir auch diese Ordner in die Hände. Was haben sich die jungen Damen und Mädchen doch für Mühe gegeben, einfach toll. Aber auch leicht verärgerte Briefe waren dabei, weil es mit der Beantwortung der Autogrammpost nicht schnell genug ging. Heute muss ich darüber schmunzeln, aber damals brach für manche Fans eine Welt zusammen. Hier ein Beispiel, ein Brief von zwei Mädchen aus Altenberg, die waren richtig sauer:

Wir schreiben Dir heute zum letzten Mal. Wir haben ja Verständnis dafür, daß Du nicht alle Autogrammwünsche sofort erfüllen kannst, aber wir haben Dir schon vor 4 Monaten geschrieben und warten noch heute vergeblich ... Es würde uns leid tun um Dich, denn wir dachten Du wärst anders als die anderen Schlagersänger. ... Aber wir glauben jetzt, Du willst auch nur Werbung um Dich und für Dich machen und da kommt Dir

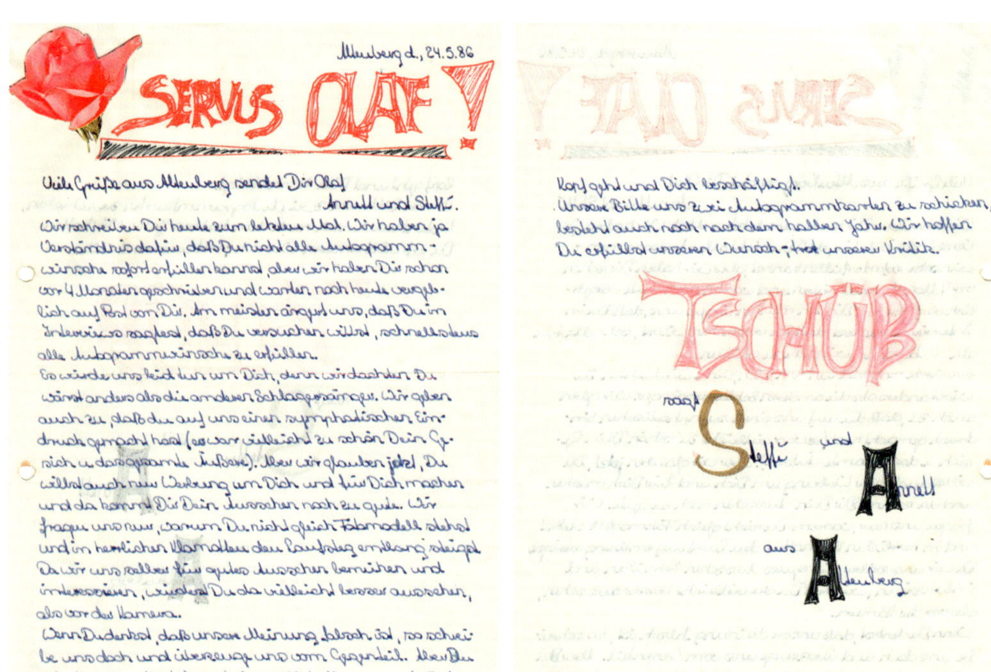

Altenburg d., 24.5.86

SERVUS OLAF!

Viele Grüße aus Altenburg sendet Dir Olaf
Annett und Steffi.

Wir schreiben Dir heute zum letzten Mal. Wir haben ja Verständnis dafür, daß Du nicht alle Autogramm-wünsche sofort erfüllen kannst, aber wir haben Dir schon vor 4 Monaten geschrieben und warten noch heute vergeblich auf Post von Dir. Am meisten ärgert uns, daß Du in Interviews sagtest, daß Du versuchen willst, schnellstens alle Autogrammwünsche zu erfüllen.

Es würde uns leid tun um Dich, denn wir dachten Du wärst anders als die anderen Schlagersänger. Wir geben auch zu, daß du auf uns einen sympathischen Eindruck gemacht hast (es war vielleicht zu schön Dein Gesicht u. das gesamte Äußere). Aber wir glauben jetzt, Du willst auch nur Werbung um Dich und für Dich machen und da kommt Dir Dein Aussehen noch zu gute. Wir fragen uns nur, warum Du nicht gleich Fotomodell stehst und in herrlichen Klamotten den Laufsteg entlang steigst. Da wir uns selber für gutes Aussehen bemühen und interessieren, würdest Du da vielleicht besser aussehen, als vor der Kamera.

Wenn Du denkst, daß unsere Meinung falsch ist, so schreibe uns doch und überzeuge uns vom Gegenteil. Aber Du wirst nie den Mut dazu haben. Wir hoffen nur, daß die Kritik Dir wenigstens ein wenig in Deinen schönen Kopf geht und Dich beschäftigt.

Unsere Bitte uns zwei Autogrammkarten zu schicken, besteht auch noch nach dem halben Jahr. Wir hoffen Du erfüllst unseren Wunsch, trotz unserer Kritik.

TSCHÜß

sagt Steffi und Annett aus Altenburg

Dein Aussehen noch zu Gute… Wenn Du denkst, daß unsere Meinung falsch ist, so schreibe uns doch und überzeuge uns vom Gegenteil. Aber Du wirst nie den Mut dazu haben …

Ich hoffe, die beiden haben noch Post von mir bekommen und ihre Meinung über mich geändert.

Es war aber auch eine verrückte Zeit. Da stürzte etwas über mich herein, das ich mir selbst nicht erklären konnte.

Meine plötzliche Popularität schlug sich schnell auch auf das Live-Geschäft nieder. Wir waren mit unserem bunten Tourneeprogramm, eine Art »Kessel Buntes« mit Artistik, Tanz, Humor und Gesang, auf Ostseetour. Und ich war eigentlich »nur« der Sänger der *Virginias*. Wir spielten damals nicht nur zum Tanz, sondern eben auch unser Showprogramm, manchmal schon nachmittags um vier Uhr auf den Promenaden der Ostseebäder. Da standen dann plötzlich Hunderte junger Frauen vor der Bühne, die mich im Fernsehen gesehen hatten und meine Lieder hören wollten. Ich glaube, den anderen Künstlern im Programm ging das am Anfang ein bisschen auf den Geist. Wir waren eben alle überrascht davon. Erhard Juza und Peter Frenkel, der damalige Conférencier, haben dann mit meinem Papa gesprochen und ihm geraten: »Mensch, Lothar, lass den Oli doch besser im Programm zwei, drei Solotitel singen. Dann geben die Mädels Ruhe.«

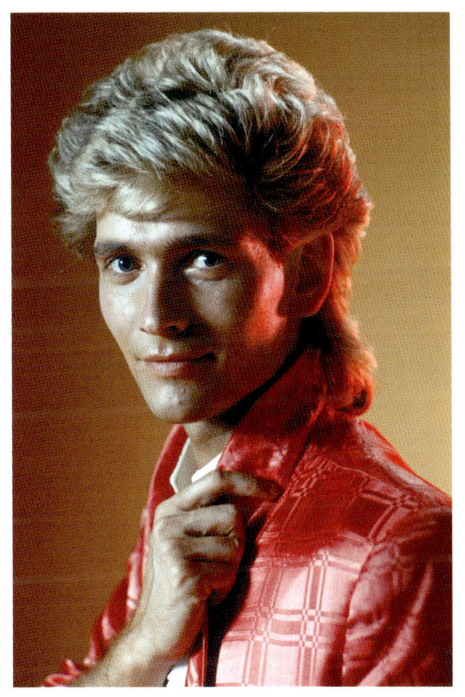

Mein Papa ließ sich gern dazu überreden. Die Fans hat's gefreut – und mich natürlich auch. Ich habe mir extra für meinen Soloauftritt einen hellblauen Anzug aus dem *Exquisit* besorgt, denn ich hatte schon immer so einen kleinen Spleen, mich entsprechend »verkaufen« zu wollen. Wenn schon solo, dann auch irgendwie besonders. Das ist mein Credo bis heute. Zum Glück war meine Schwester Oda Frisörin. Sie kümmerte sich um meine »Goldlöckchen-Frisur« und hatte ein richtiges Händchen dafür. Es machte ihr unwahrscheinlich viel Spaß, und sie konnte das, was sie gerade gelernt hatte, an mir ausprobieren. Kaltwelle – das war damals in!

Und so wurde ich schließlich Solosänger in der Band meines Papas. Die Fans kamen in Strömen, meine Mutter schrieb zu Hause Briefe und die Postfrau schob, weit entfernt von unserem Wohngebiet, eine etwas ruhigere Kugel.

Der kann doch gar nicht richtig singen

Natürlich gab es auch Konkurrenz in der Schlagerszene der DDR. Das ging schon bei der Einstufung los. Da saß dann der ein oder andere »nette Kollege« in der Honorarkommission beim Komitee für Unterhaltungskunst und sorgte mit seinem Veto dafür, dass der aufstrebende Konkurrent erstens nicht zu viel Geld verdiente und zweitens schön »klein« gehalten wurde. Ganz unter dem Motto: Der kann doch gar nicht richtig singen. Aber Neid und Missgunst waren noch nie mein Ding. Und ich glaube auch, dass der Kuchen, den es unter DDR-Künstlern zu verteilen gab, groß genug war, so dass sich jeder ein gehöriges Stück davon abschneiden konnte.

Ich fühlte mich mit der Band meines Vaters ohnehin fest im Sattel. Das hatte alles Hand und Fuß und war musikalisches Handwerk vom Feinsten. Dass ich meine eigenen Songs mit diesen perfekt auf mich eingespielten Musikern live präsentieren durfte, war ein großer Vorteil. Andere mussten sich irgendwelche Bänder produzieren lassen und mit Halbplaybacks oder fremden Bands durch die Lande ziehen. Bei uns war alles live mit Schlagzeug, Chor und Satzgesang, und auch unsere Technik war top. Alles klang wie auf dem Album oder eigentlich noch besser. Weil es unmittelbar und live war, heute würde man sagen: authentisch. Diese Qualität lieferte man bei großen Galas im Palast der Republik oder im Dresdner Kulturpalast genauso ab wie auf dem Fußballplatz beim Dorffest in Schkopau. Das war fantastisch.

Ich lebte genau das Vagabundenleben, das ich mir erträumt hatte: Du fährst einfach los, und dann kann das oder jenes passieren. Du landest in der Nacht in einem Hinterhof, im letzten »Drecksbett« mit Matratze, und sagst: Ach du liebe Zeit. Am Morgen kommst du runter zum Frühstück, und da liegt eine vertrocknete Semmel, daneben steht ein schrecklicher Kaffee. Am nächsten Tag schläfst du dann im besten Hotel, und dort ist alles vom Feinsten: Büfett, Saft, Sektchen vielleicht?!

Ich glaube, diese Erfahrungen waren wichtig, um meine Karriere auf ihrem Level halten zu können. Sie waren aber auch DDR-typisch. Die gutausgebildeten Musiker waren sich nicht zu schade, in einer abgelegenen »Klitsche« aufzutreten. Dabei spielte es natürlich auch eine Rolle, dass man gemäß seiner Einstufung bezahlt wurde. Es gab immer die gleiche Kohle. Heute interessiert so eine Einstufung keinen mehr. Kannste »in die Tonne kloppen«. Ich habe das nach der Wende selbst erlebt. Wenn du irgendwelchen »Mist« angeboten bekommen hast, war es auch vor Ort meist Mist. Da war es wichtig, einen Manager wie meinen Happy zu haben. Der entschied dann, dass wir das Angebot lieber ablehnen: »Das kann nicht aufgehen, das kann nicht funktionieren.«

Aber mein musikalisches Fundament, das ich mir im Laufe der Jahre durch meine Lehrer und in Papas Band aneignete, hat mir auf meinem Weg unglaublich geholfen. Zum Beispiel wenn ich später in den Westen fuhr und dort mit einer anderen Gala-Band oder einem Polizeiorchester spielte. Da machte es sich einfach gut, dass ich mein eigenes Notenmaterial lesen konnte und keine Angst hatte, die Titel selbst einzuzählen. Da möchte ich heute manche Kollegen erleben, wenn es heißt: Zähl mal ein. Zahl mal ein, verstehen viele wahrscheinlich besser.

Frauentag mit Rotkäppchen

Der Internationale Frauentag am 8. März wurde in der DDR groß gefeiert. In den Wochen davor und danach gab es für uns Künstler bei unzähligen Veranstaltungen in Kulturhäusern, Betriebsgaststätten und selbst in Kantinen immer viel zu tun.

Im Dresdner Kulturpalast fand anlässlich dieses Tages jahrzehntelang die legendäre Veranstaltungsreihe mit dem Namen »Rosen für die Frauen« statt. In bis zu vierzig Veranstaltungen erlebten Tausende Frauen aus Dresden und der Umgebung ein qualitativ hochwertiges Showprogramm. Der damalige Festsaal bot Platz für zweitausendsiebenhundertvierzig Gäste.

1987 bekam ich von der Konzert- und Gastspieldirektion Dresden das grandiose Angebot, diese Show zu moderieren. Eine Wahnsinnschance für mich, aber auch eine riesige Herausforderung. Denn der »geborene« Moderator war ich nun wahrlich nicht. Mir graute vor langen Zwischenmoderationen und Überbrückungen, während die Beteiligten der nächsten Darbietung ihre Requisiten aufbauten. Als Kind hatte ich immer die souveränen Conférenciers in Papas Programmen bewundert – die, wie aus dem Ärmel geschüttelt, einfach mal so zehn Minuten am Stück unterhaltsam auf der Bühne plaudern konnten. Klar, vieles davon war am Ende einstudiert, aber genau darin lag ja die Kunst: Das Einstudieren zu verbergen und es so aussehen zu lassen, als wären der Witz, die Pointe, die Überleitung einem just in diesem Augenblick eingefallen. Dieses Parlieren faszinierte mich.

Dann kam auch noch eine Info, die mich wie ein Schlag traf: Einer der Stargäste des Programms sollte ausgerechnet Heinz Quermann sein. Eben jener Heinz, der einst, am zweiten Tag meines Lebens, im Fernsehen freudig

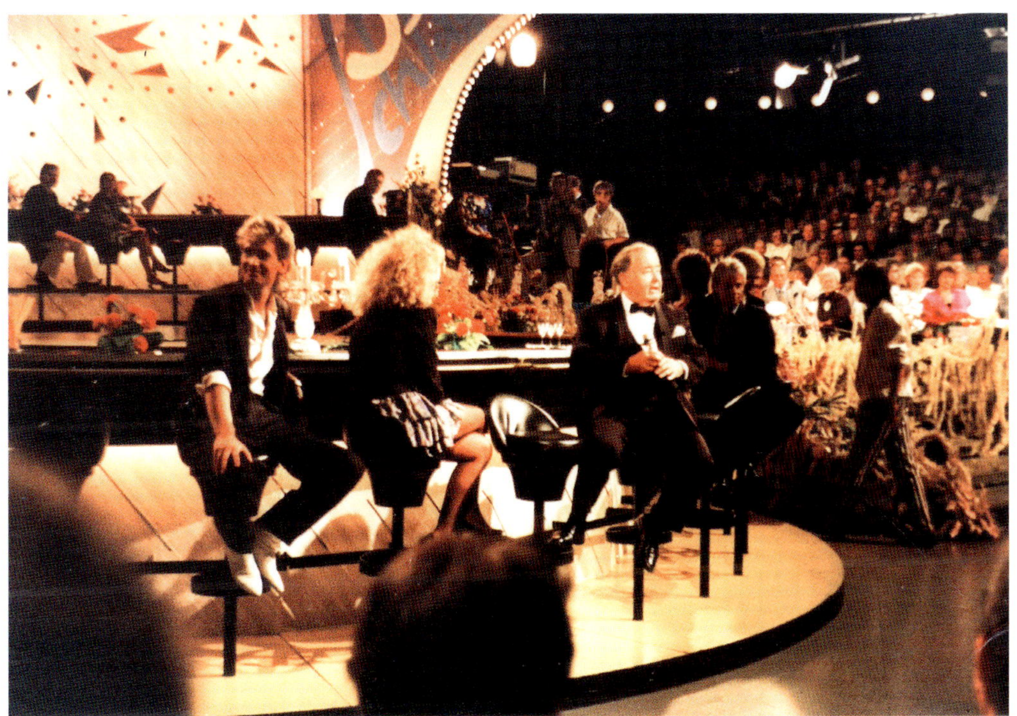

Mit Sängerin Inka auf der Bühne bei der Aufzeichnung einer Sendung von Heinz Quermann, 1988

meine Ankunft verkündet hatte. Quermann hatte generell ein Herz für junge Talente wie mich und war mit meinem Papa befreundet. Ich wusste aber auch: Er konnte richtig böse werden, wenn etwas nicht so lief, wie er es sich vorstellte. Er forderte stets Disziplin, Anstand, Fleiß und Respekt. Mir schlackerten die Knie bei dem Gedanken, etwas falsch zu machen. Trotzdem freuten wir uns alle auf die gemeinsamen Shows.

Ich bereitete mich entsprechend vor und muss sagen, es lief besser als gedacht. Die Frauen waren begeistert, ich sang live mit den *Virginias*, stellte als Gastgeber die einzelnen Show-Acts vor, plauderte meine »einstudierten« Texte flüssig vor. Nach vier, fünf Veranstaltungen hatte sich meine Anspannung gelegt und ich merkte: Jawoll, das is' es, ich kann's. Ich fühlte mich sicher auf der Bühne. Alles lief wie am Schnürchen. Meist hatten wir sogar zwei Veranstaltungen am Tag. Eine nachmittags und eine abends. Es war für mich fast wie »Arbeitengehen«.

Nach ungefähr vier Tagen kam Heinz Quermann zu mir, nahm mich zur Seite und sagte: »Mein Olaf, Kompliment. Das gefällt mir schon ganz gut, was du da machst. Das machst du dufte, mein Junge.«

Mir fiel ein Stein vom Herzen. Heinz lud mich für den nächsten Tag, zwischen den beiden Veranstaltungen, zum Essen ein. Er kannte da ein gutes Hotelrestaurant um die Ecke, in dem es Aal in Aspik gab und man gepflegt ein Gläschen trinken konnte. Oje, Aal in Aspik war nun gar nicht mein Ding, aber ich tat so, als ob ich mich darauf freute!

Wir also, nach der Nachmittagsveranstaltung, raus aus dem Kulturpalast und rein ins Lokal. Ich hatte an dem Tag noch nicht viel gegessen, und Heinz bestellte zum Aal in Aspik eine große Flasche Rotkäppchen Sekt. Ich war ganz beseelt davon, dass Heinz sich so für mich freute und dass alles rundum so gut lief. Wir quasselten über Kollegen, seine Tausend Erfahrungen und Geschichten als alter Hase im Showgeschäft, und schwuppdiwupp war die Pulle leer. Ich merkte schon, wie mir langsam der Alkohol in die Glieder fuhr. Was soll ich sagen: Ich hatte leicht einen sitzen. Oli war gut drauf! Ich fühlte mich unglaublich sicher. Ganz unter dem Motto: Was kann mir schon passieren?! Läuft!

Der Kulturpalast war voller Frauen. Die Show begann. Ich wusste genau, was ich zu tun hatte. Alles genau wie jeden Tag, alles wie in jeder Show: Ich gehe raus, singe meinen ersten Titel und habe dabei einen großen Strauß Rosen in der Hand. Während meiner ersten Moderation suche ich mir eine Dame in der ersten Reihe aus und knie mich direkt vor sie hin. Dann kommt der Spruch, der bei jeder Veranstaltung kommt. Den kannte ich natürlich aus dem Effeff: »Und stellvertretend für alle Frauen hier im Saal möchte ich Ihnen diesen Blumenstrauß überreichen. Herzlichen Glückwunsch zum Internationalen Frauentag!« Danach gibt es noch ein schüchternes Küsschen auf die Wange. Genau so würde es auch heute laufen. Doch es kam ganz anders.

Die Show begann, ich sang voller Inbrunst mein erstes Lied und kniete mich schließlich vor die auserwählte Dame. Dann fing ich zu sprechen an: »Und stellvertretend für alle Frauen hier im Saal möchte ich ihnen diesen wunderschönen Blumenstrauß überreichen. Herzlichen Glückwunsch zum *Geburtstag*!«

Was hatte ich da gerade gesagt? Herzlichen Glückwunsch zum Geburtstag? Der ganze Saal gluckste, die Dame vor mir schaute mich etwas verwirrt an – und die Bandmitglieder meines Papas brachen hinten auf der Bühne fast zusammen vor Lachen. Da merkte ich zum ersten Mal: Ach du Scheiße, das

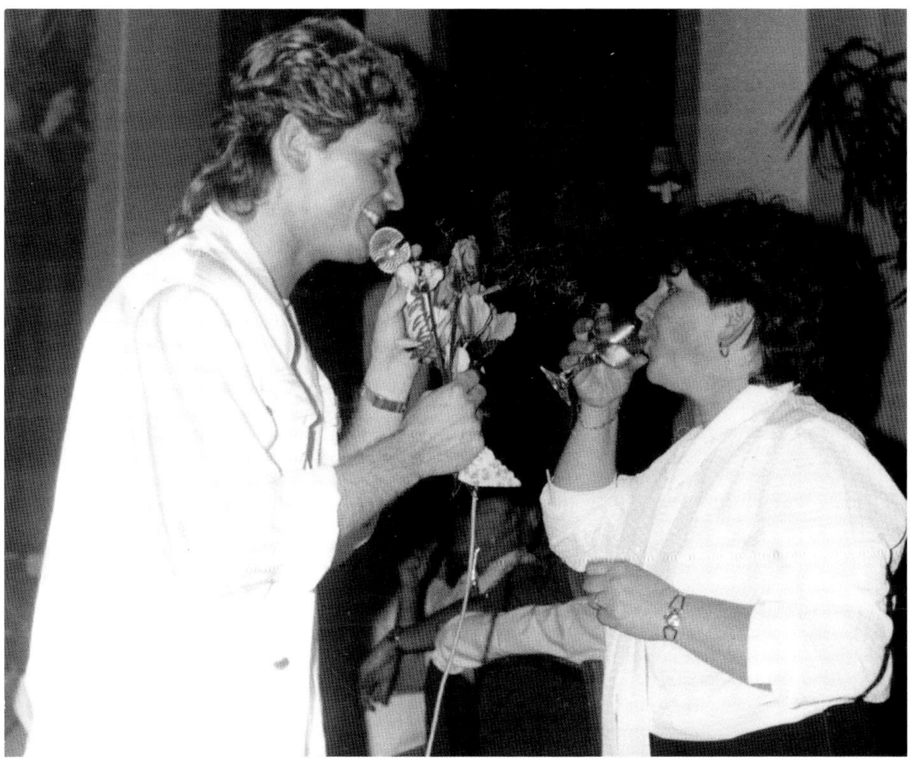

Mit meinem Fan Steffi bei einer Veranstaltung im *Friedrichschlösschen* in Heidenau-Großsedlitz, im November 1987

ist gefährlich, wenn Alkohol im Spiel ist und man denkt, man bekommt alles ganz locker hin. Ich sah natürlich auch, dass mein Papa das Ganze gar nicht lustig fand und mir einen scharfen Blick zuwarf. Da ich aber so angetüdelt war, konnte ich mich selbst nicht zusammenreißen. Während der gesamten Show bekam ich immer wieder kleine Lachkrämpfe. Als ich mich einigermaßen im Griff hatte, schaute ich zur Band und sah unseren Gitarristen Fred, der weiterhin mühsam versuchte, sein Lachen zu unterdrücken. Mein Papa war die ganze Zeit – wie sagt man heute – *not amused*! Am Ende haben wir uns alle wieder eingekriegt. Ich aber wusste: 'ne dolle Leistung war das nicht.

Im Endeffekt habe ich aus der Situation einiges für mich und mein Showleben gelernt: Man darf sich nie zu sicher sein auf der Bühne. Besser konzentriert Punkt für Punkt alles abarbeiten, als zu denken: Das kann ich auch im Schlaf; ich singe jetzt das nächste Lied, bin gedanklich aber schon beim Finale. Nein, so läuft das nicht und bricht einem schnell das Genick. Man kann das mit dem Autofahren vergleichen: Wenn man eine lange Stecke hinter sich gebracht hat und kurz vor dem Ziel ist, sollte man sich nicht in Sicherheit wiegen und denken: Das letzte Stück schaffe ich jetzt auch noch lässig. Schnell ist man unkonzentriert oder verfällt in diesen berühmten Sekundenschlaf. Also: Kein Alkohol am Steuer, kein Alkohol vor der Show! Eine Ausnahme würde ich zulassen: Mal ein Bierchen zum Lockerwerden, das ist okay, aber dann immer bis zum Schluss schön konzentriert bleiben. Am Lenkrad genauso wie am Mikrofon.

Zeitgeist *mit Model*

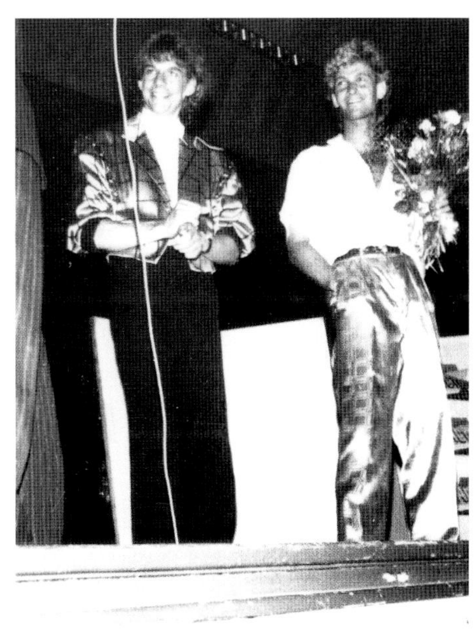

Mit Wolfgang Scheffler von *Zeitgeist* auf der Bühne

Konventionelle, aber auch subkulturelle Modenschauen fanden in den achtziger Jahren in der DDR großen Anklang. Seit an Seit mit Künstlern aller Couleur waren die Modeschaffenden und ihre Mannequins fester Bestandteil der Kulturszene. Ob Fernsehen oder Liveshow: Mode eroberte die Bühnen des Landes.

So hatten auch wir in unseren Showprogrammen gegen Ende der Achtziger immer wieder Modenschauen mit an Bord. Dabei ging es zu dieser Zeit längst nicht mehr um die reine Vorführung von Klamotten, etwa aus der Jugendmode, sondern man sah hier ausgeflippte Typen, selbstgeschneiderte und außergewöhnliche Modekunst, die sich bewusst dem Konventionellen verweigerte. Auch die Modetruppe *Zeitgeist* aus Berlin war so ein bunter Haufen. Vor allem auf zwei Männer konzentrierte sich dabei das Interesse des Publikums, aber auch die etwas zwiespältigen Meinungen. Der eine trug schwarz lackierte Fingernägel und schwarzen Lippenstift, der andere Piercings und weiße oder gelb gefärbte Haare. Damit erregten sie Aufmerksamkeit.

Meine Aufmerksamkeit richtete sich jedoch in jenem Sommer 1987 in Heringsdorf an der Ostsee auf ein junges Model aus dem *Zeitgeist*-Ensemble. Sie hieß Andrea, war eigentlich Damenmaßschneiderin und hatte mit ihrer Freundin ein paar Modelle zur Show beigesteuert. Andrea gefiel mir auf den ersten Blick, und ich versuchte, bei ihr zu landen. Dabei kam mir zupass, dass der Chef und Regisseur der Gruppe, Wolfgang Scheffler, mit dem ich mich gut verstand, ein gemeinsames Showprogramm mit uns inszenieren wollte: Olaf Berger und die *Virginias* und Wolfgang Scheffler und *Zeitgeist*. Auch meinem Papa gefiel dieses Projekt. Mag mein Antrieb also vielleicht nicht nur ein künstlerischer gewesen sein, erarbeiteten Wolfgang und ich ein Tourneeprogramm für die KGD Dresden. Vorreiter dieser Fusion von Musik und Mode war sicherlich Wolfgang Ziegler, der damals schon mit der *Modekommode* unterwegs war.

Unsere »Mode-Konzert-Show 88« wurde ein voller Erfolg. Wir zogen durch die ganze DDR und spielten in großen Hallen landauf und landab. In manchen kleineren Dörfern, die sich auf Olaf Berger und sein »Feuer« freuten, staunten die Zuschauer manchmal ganz schön, was bei der Show abging. Eine komplett durchgestylte Bühnenshow, in einer gewagten Kombination von Musik, ausgeflippten Choreographien und Mode. Ich sang neben meinen Schlagern auch Hits wie »Das Model« von Kraftwerk, zu dem im Spotlight ein *Zeitgeist*-Model performte.

Und Andrea? Sie war natürlich auch dabei. Das »Schlitzohr« Wolfgang Scheffler hatte sich für uns beide etwas ganz Besonderes ausgedacht: Im Programm inszenierte er einen Part, bei dem ich während meines Songs Andrea auf die Schulter tippen und wir uns in die Augen schauen mussten. Tausendmal habe ich zwar nicht getippt, aber trotzdem hat es am Ende für uns beide »zoom gemacht«. Andrea wurde die Mutter meiner Tochter Maria, und wir heirateten am 19. Mai 1990. Aber bis dahin sollte noch allerhand passieren.

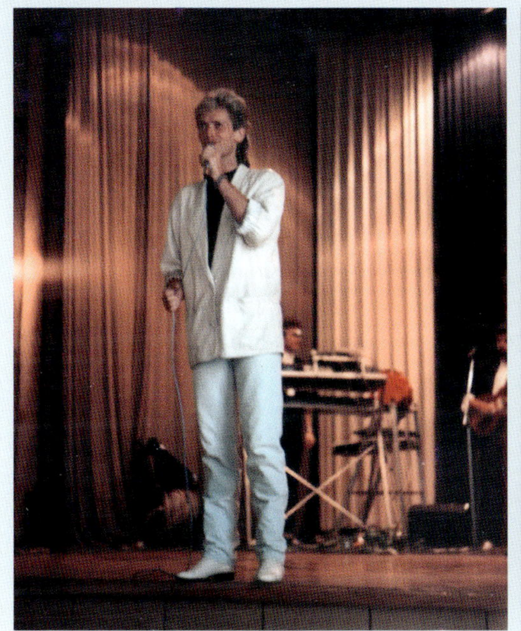
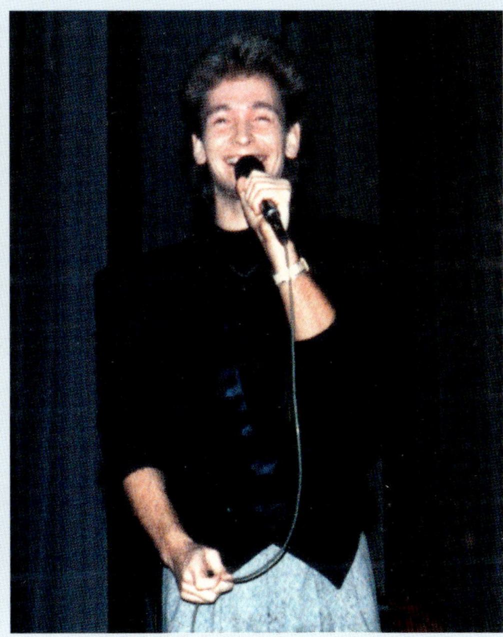

Impressionen von unseren Model-Shows

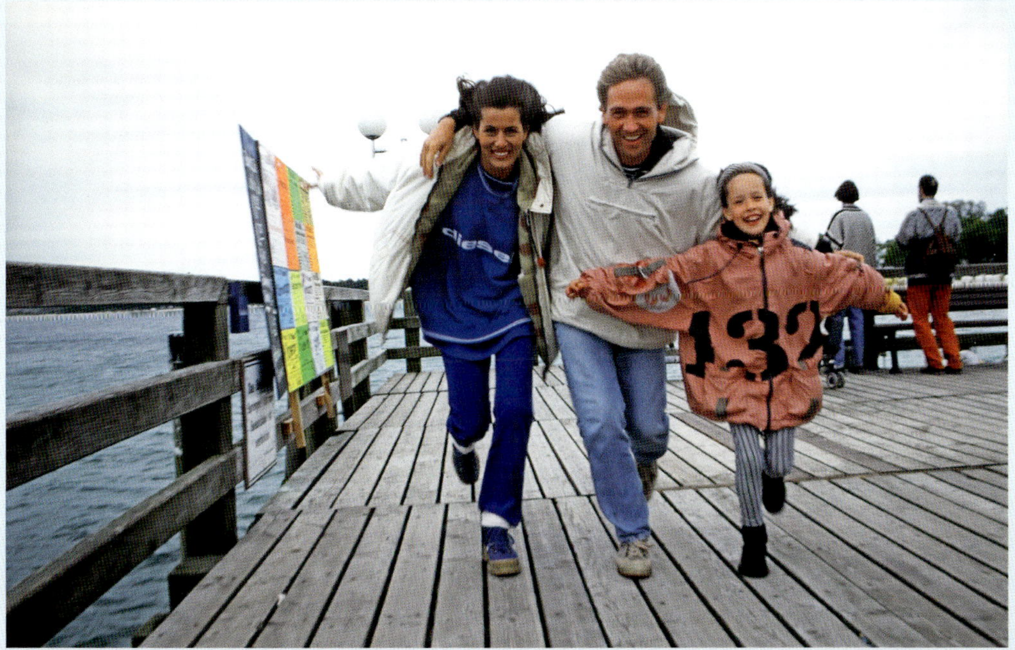

Blick in die Zukunft: Andrea, Maria und ich im Familienurlaub im Mai 1997

Im Westen alles neu

Ich hatte nie vor, in den Westen abzuhauen. Ich fühlte mich in meinem Land vor allem durch die starken Familienbande geborgen. Aber die Vorstellung, als erfolgreicher Sänger das Land im Westen zu vertreten, so ähnlich wie unsere erfolgreichen Sportler, die hat mich gereizt. Deshalb fuhren wir mit der Band auch an die Trasse in die Sowjetunion. Die Druschba-Trasse war ein zentrales Jugendobjekt der Freien Deutschen Jugend (FDJ). Menschen aus der DDR bauten einen riesigen Teil der Erdgastrasse, die bis vor kurzem ganz Deutschland mit Gas belieferte. Es gab unter den Künstlern in der DDR das Gerücht, dass man nur ins NSW (Nichtsozialistisches Wirtschaftsgebiet) fahren kann, wenn man vorher einmal bei den Bauarbeitern an der Trasse gespielt hat. Das war Abenteuer pur. Gefruchtet hat es aber nicht immer.

Ich träumte davon, mit der gesamten Band im Westen Konzerte zu geben. Doch es kam immer etwas dazwischen. Einmal lag gegen einen unserer Musiker politisch etwas vor, dann wieder hatte ein anderer einen Ausreiseantrag gestellt. Und so absolvierte ich meinen ersten Auftritt in Westberlin solistisch. Das Angebot kam 1988 ganz plötzlich über die Künstleragentur der DDR. Ich sollte in einem bunten Programm bei einem Betriebsvergnügen der Deutschen Reichsbahn mitwirken. Die volkseigene Reichsbahn der DDR sicherte während der Teilung Deutschlands im Auftrag der Alliierten den Eisenbahnbetrieb im Westteil Berlins. Deshalb wurden dortige Veranstaltungen und Betriebsfeiern mit Künstlern aus der DDR besetzt.

Wie schnell die Informationskanäle in der DDR funktionierten, merkte mein Vater, der, kurz nachdem ich das Angebot erhalten hatte, von einem

Garagennachbarn angesprochen wurde: »Mensch, Lothar, dein Junge will in den Westen fahren?« Aha, dachte sich mein Papa, der ist wohl bei »Horch und Guck« – so wurde das Ministerium für Staatssicherheit, die Stasi, im Alltag auch genannt. Gut zu wissen! Aber dann weiß er sicher auch, wie eng wir als Familie verbunden sind und welche Ziele wir gemeinsam mit der Band noch haben. Die Wahrscheinlichkeit, dass unser Sohn abhaut, ist jedenfalls sehr gering.

Ich besaß damals schon einen Mazda 323. Ab 1981 wurden etwa zehntausend Exemplare dieses Autos in die DDR geliefert. Mit ihnen sollte das Straßenbild insbesondere in Ostberlin internationaler aussehen. Meinen nigelnagelneuen roten Wartburg hatte ich für diesen Mazda auf dem »schwarzen« Automarkt eingetauscht und noch ein paar Scheine draufgelegt.

Nun fuhr ich also mit meinem ersten Westauto über die Grenze bis zur Straße des 17. Juni. Dort parkte ich meinen Mazda, weil ich wusste, geradeaus kommt das Brandenburger Tor, daran habe ich mich orientiert. Von dort aus wollte ich mit der S-Bahn weiter zu meiner ersten West-Mugge. Ich weiß es noch genau. Als ich auf dem 17. Juni stand, drehte ich mich um und konnte es nicht fassen: Ich bin im Westen! Mit meinen gerade fünfundzwanzig Lenzen und meiner Musik kann ich jetzt das machen, wovon viele, auch aus meinem Freundeskreis, nur träumen.

Mir stand in diesem Augenblick die ganze Welt offen, und ich hatte Gänsehaut. »Die ganze Welt« bedeutete ja bisher: Wir fahren mal nach Prag, Budapest oder maximal ans Schwarze Meer nach Bulgarien. Aber jetzt? Jetzt könntest du bis nach Frankreich oder Spanien fahren. Wahnsinn!

Der Auftritt bei der Reichsbahn war dagegen nicht gerade das Gelbe vom Ei. Die Band spielte gewöhnungsbedürftig, und ich erkannte meine eigenen Lieder nicht wieder. Da war ich von zu Hause wirklich Besseres gewohnt. Aber irgendwie war das an diesem Tag alles Nebensache. Beim Show-Finale bekam ich einen riesengroßen Blumenstrauß und machte mich auf den Heimweg.

Als ich von der S-Bahn in Richtung meines Autos lief, sah ich schon von weitem eine Frau auf dessen Motorhaube sitzen. Mit ihrer Kleidung wirkte sie auf den ersten Blick wie eine Artistin aus unserem Programm. Kniehohe Stiefel, sehr figurbetont und sexy. Ich dachte mir: Was will die denn hier, und woher weiß sie, wo mein Auto steht? Soll ich sie vielleicht wieder mit zurücknehmen? Jedenfalls kam ich mit meinem Blumenstrauß auf sie zu, und sie fragt mich: »Na, Kleiner. Wie wär's? Hast du Lust?«

Ich war völlig baff. Ich hatte noch nie vorher von Angesicht zu Angesicht eine Prostituierte gesehen und wusste auch nicht, dass sie dort auf dem 17. Juni stehen. Aber nun saß da eine auf meinem Auto. Ich druckste rum und war peinlich berührt. Den Blumenstrauß wollte ich ihr auch nicht geben. Der war für meine Freundin Andrea. Wir wohnten zwar noch nicht zusammen, aber wir waren beide sehr verliebt.

Andrea hatte an diesem Abend einen Auftritt mit ihrer Modetruppe *Zeitgeist* im Sport- und Erholungszentrum in Berlin, kurz SEZ genannt. Dort fuhr ich jedenfalls schnurstracks hin und ließ die Prostituierte ihrer Wege gehen. Total aufregend und spannend fand ich die Begegnung trotzdem. Ich wusste: Jetzt kannste zu Hause was erzählen, von der großen freien Welt.

Im SEZ schenkte ich Andrea dann den Blumenstrauß, und sie war überglücklich. Sie zog mich fest an sich und gab mir zu verstehen, dass sie nicht geglaubt habe, dass ich die Chance nicht nutzen würde, im Westen zu bleiben. Dass ich wieder zurückgekommen bin, war für sie der größte Liebesbeweis. Sie selbst hatte damals einen Ausreiseantrag gestellt und wollte, wie viele andere, Ende der Achtziger mit diesem Land nichts mehr zu tun haben.

Ich aber hatte jetzt, nach meinem ersten Westauftritt, einen »Fuß drin« in diesem so begehrten anderen Teil Deutschlands. Ich dachte mir: Vielleicht klappt es ja irgendwann noch einmal, und dann wäre es schön, mit der ganzen Band zu fahren. Meinen Reisepass musste ich am nächsten Morgen allerdings wieder abgeben, und es dauerte eine gefühlte Ewigkeit, bis zur nächsten Reisegelegenheit.

Bei einer Fernsehsendung Ende 1988 lernte ich Harry Jeske kennen. Der Bassist und Manager der *Puhdys* fragte mich, ob ich denn schon Reisekader sei. Ich verneinte. Reisekader – also jemand, der offiziell ins westliche Ausland reisen durfte – in dem Sinne war ich nicht, aber ich hatte schon einmal raus gedurft, eben zur Reichsbahnmugge.

»Na, das sieht doch ganz gut aus«, meinte Harry und gab mir den Tipp, ganz offiziell eine sogenannte »Studienreise« nach Westberlin zu beantragen. Möglichst zu einem Konzert mit internationalen Künstlern. Sich international zu orientieren, fanden die Genossen gut. Tja, so was musste man eben wissen. Bald wären *Kool & The Gang* in der Deutschlandhalle. Ich solle, sagte Harry, in den Antrag schreiben, dass ich mich musikalisch weiterbilden will und sehr interessiert am Auftritt dieser Band bin. Das habe ich dann auch getan – und bekam tatsächlich die Zusage, meine »Studienreise« anzutreten. Gewusst wie!

Als es so weit war, fuhr ich mit meinem eigenen Auto Richtung Deutschlandhalle und schaute mir nebenbei den »goldenen Westen« an. Ich muss sagen, ich war fasziniert, aber gleichzeitig auch erschlagen von dem Angebot im Kaufhaus, in das ich ging. Da gab es zum Beispiel zwanzig verschiedene Zahnpastasorten. Ich dachte mir: Das ist irre, das braucht doch kein Mensch. Die müssen verrückt sein hier. Ich brachte fast mein ganzes Westgeld wieder mit nach Hause, weil ich mich für nichts entscheiden konnte.

Das Schönste aber war, dass ich wieder »in den Westen« gedurft hatte. Klar, am nächsten Morgen musste ich wieder meinen Reisepass abgeben und wusste, um erneut reisen zu können, darfst du dir nichts zuschulden kommen lassen. Aber mir war auch bewusst, wenn ich für Angebote und Nachfragen sorge, dann lassen sie mich erneut rüber. Genau das war es, was ich wollte. Das war mein Ziel. Meine Gemütslage schwankte dennoch hin und her. Auf der einen Seite wollte ich nicht an die große Glocke hängen, dass ich jetzt dieses Privileg besitze, andererseits hätte ich mein Glück gern laut schreiend auf der Straße mit allen geteilt. Dass der Mauerfall Monate später Realität werden und sich damit alles ändern würde, konnte damals noch kein Mensch ahnen. Wer das behauptet, der lügt.

Von einem kleinen »Vorfall«, den ich bei einem meiner nächsten Besuche

Liberal-Demokratische Partei Deutschlands

Aufnahmeantrag

Hiermit beantrage ich die Aufnahme in die Liberal-Demokratische Partei Deutschlands.
Ich bekenne mich zu den in der Satzung enthaltenen Grundsätzen und Zielen der Politik der LDPD und erfülle die Bedingungen für die Aufnahme in die Partei.
Die mit meiner Mitgliedschaft erworbenen Rechte und übernommenen Pflichten bin ich bereit, gewissenhaft wahrzunehmen. Entsprechend § 17 der Satzung beträgt mein monatlicher Mitgliedsbeitrag ________ Mark.

________, den ________ 19__

Unterschrift

Der Vorstand der WGG/OG ________
hat am ________ die Aufnahme beschlossen.

Unterschrift des Vorsitzenden

Der Kreisvorstand hat diesen Beschluß in seiner Sitzung am ________ bestätigt.
Das Mitgliedsbuch Nummer ________ wurde ausgestellt.

Unterschrift des Kreissekretärs

Mit SED und Stasi hatte ich nichts am Hut. Stattdessen befand sich in meiner Reisetasche für alle Fälle immer ein Antrag für die Aufnahme in die LDPD.

in Westberlin erlebte, möchte ich noch erzählen. Ich stand mit meinem Mazda mit Dresdner Kennzeichen am Ku'damm an einer roten Ampel. Die Fensterscheibe hatte ich runtergelassen, den Ellenbogen lässig aufgestützt. Ich fühlte mich wie der King vom Prenzlauer Berg. Plötzlich hielt ein Auto neben mir. Der Fahrer schaute zu mir rüber und suchte Blickkontakt. Dann beugte er sich über seinen Beifahrersitz, ließ die Fensterscheibe runter und rief »Stasi-Schwein«. Dabei spuckte er mir ins Gesicht. Okay, dachte ich, das ist wahrscheinlich der Preis, den du zahlen musst. Ich konnte es mir nur so zusammenreimen, dass dieser Mann wahrscheinlich selbst ausgereist und dadurch Repressalien ausgesetzt war und sich dann dachte, so ein junger Schnösel mit so einem Auto und Dresdner Kennzeichen in Westberlin, das kann nur einer von der Stasi sein. Doch er täuschte sich. Ich war jedenfalls nie bei der Stasi, anders als vielleicht unser Herr Garagennachbar.

Michael Hansen, Sambuca und der Schwulenclub

Ich produzierte damals in einem der wenigen Privatstudios des Ostens, im Studio Neuenhagen bei Klaus Schmidt. Er erledigte viele Auftragsproduktionen für den Rundfunk der DDR, aber auch schon einige Westproduktionen. Zum Beispiel für einen Kabarettisten und Stimmungssänger aus Westberlin. Der hieß genau wie unser DDR-Schlagerstar Michael Hansen.

Klaus rief mich eines Tages an und fragte, ob ich nicht vorbeikommen könnte, um für eben diesen Michael Hansen ein paar Chorstimmen einzusingen. So unter dem Motto: Bringste deine Freundin mit, wir feiern ein bisschen und nehmen diese Stimmung auf Band auf. »Hier wird gefeiert, getanzt und gelacht« hieß das Stimmungslied, und genau das haben wir gemacht.

Der Song war im Kasten und Michael Hansen total begeistert, dass ein »Star« der DDR für ihn so unkompliziert Chor gesungen und mitgefeiert hatte. Er bedankte sich tausendmal und fragte mich, ob er mir nicht auch einen Gefallen tun könne. Ich winkte ab und sagte: »Ach, Quatsch, alles gut, wir hatten doch einen schönen Abend, und es hat Spaß gemacht. Aber, wenn du mich *so* fragst, vielleicht kannst du mir mal eine Mugge, einen Auftritt, in Westberlin besorgen. Ich muss da nichts groß verdienen, Hauptsache, ich kann mal wieder raus.«

Und so sind wir quasi ins Geschäft gekommen. Es dauerte nicht lange, da hatte er schon die ersten Verträge verhandelt. Das waren keine Überflieger-Muggen, aber ich konnte endlich im Westen auftreten. So habe ich zum Beispiel beim Gartenverein »Heimatliebe« in Buckow gesungen. Die waren begeistert, dass sie einen bekannten Künstler aus dem Osten zu Gast hatten. Man darf nicht vergessen: Nicht nur der Osten guckte Westfernsehen, auch die Westberliner schauten Ostfernsehen und kannten unsere großen Unterhaltungsshows. Ich bekam zweihundertfünfzig oder dreihundert D-Mark für einen Auftritt. Das war eine Menge Geld, denn man hätte es ja im Wert eins zu zehn in Ostmark tauschen können. Michael steckte sich ein bisschen Provision ein und fünfzehn oder zwanzig Prozent gingen an die Künstler-Agentur der DDR in Berlin. Hansen schickte die offiziellen Anfragen an die Agentur, telefonierte mit denen, und dann ging alles seinen »sozialistischen Gang«.

Als ich Micha Hansen das erste Mal in seiner Bürowohnung in Berlin-Neukölln besuchte, dachte ich so bei mir: Das sieht hier ja auch nicht besser aus als bei meinen Musikantenkumpels im alten Hechtviertel in der Dresdner Neustadt. Alles nicht gerade »neuster Standard«. Da geht's mir in meiner Zweizimmerwohnung in Dresden-Laubegast besser: Du machst den Wasserhahn auf, und da kommt heißes Wasser raus, und wenn dir kalt ist, drehst du die Heizung an.

Hansen zeigte mir seinen Opel Kadett und sagte: »Der ist geleast. Das Auto gehört der Bank.«

»Aha«, antwortete ich, verstand aber nur Bahnhof.

Er versuchte, mir so einiges zu erklären, und mir wurde klar: Wenn du nicht gerade ein »großer Star« und gut im Geschäft bist, hast du hier im »goldenen Westen« ganz schön zu knabbern.

Na ja. Micha Hansen holte mich jedenfalls eines Tages zur nächsten West-Mugge an der Grenze ab, und wir fuhren erst mal in eine kleine, gemütliche Berliner Eckkneipe. Wir tranken Bierchen, und er bestellte uns Sambuca. Schön mit drei Kaffeebohnen und Feuer. So etwas hatte ich noch nie getrunken. Aber es schmeckte prima. So nach dem sechsten Sambuca, wir hatten schon die nötige Betriebstemperatur, rückte er mit der Sprache raus: »Du, Olaf, ich muss dir was zur heutigen Veranstaltung sagen. Also, das ist, äh, so ein Club, wo du heute singst, und da sind, äh, anders als sonst, äh, vorwiegend Männer … aber auch Frauen … und so.«

Ich fragte gleich: »Meinst du Schwule und Lesben? Da habe ich kein Problem mit!«

Dazu muss man wissen, dass es besonders in Künstlerkreisen in der DDR ganz selbstverständlich war, mit Schwulen zusammenzuarbeiten. Da wurde kein großes Palaver drum gemacht. Ich hatte eine Menge guter Freunde und Kollegen, die schwul waren. Mir war das sowieso egal, es soll jeder nach seiner Fasson glücklich werden. Trotzdem dachte ich, na ja, mit meinen Liedern »Es brennt wie Feuer«, »Abends bist du einsam« oder »Es kommt so oder so« – in so einem Club, das kann ja lustig werden.

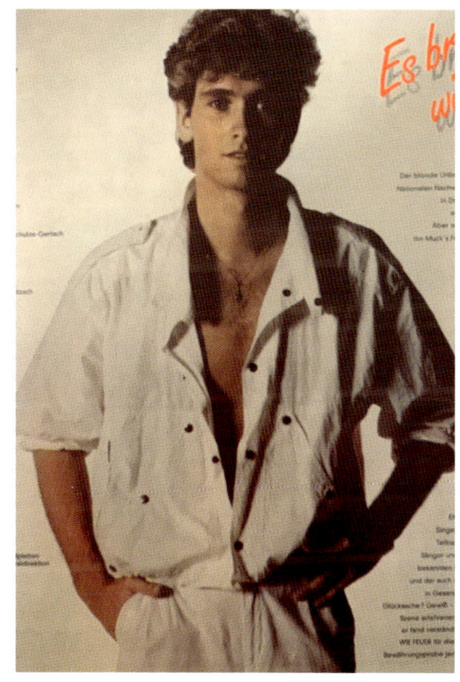

Ausschnitt der Rückseite des Albums *Es brennt wie Feuer* von 1987. Mit diesem Foto wurde auch mein Auftritt im Schwulenclub in Westberlin angekündigt.

Ich war ganz froh, den Sambuca im Blut zu haben, und es wurde wirklich lustig. Denn die Clubgäste haben mich richtig abgefeiert. Sie bereiteten mir einen großen Empfang, auch weil Michael vorher fleißig Pressearbeit für mich gemacht hatte. In einer großen Schwulenzeitung Westberlins war ein Foto von mir, vom Plattencover meiner ersten AMIGA-Platte. Ich, gestylt mit Jacke, ohne Hemd, aufgeknöpft bis zum Bauchnabel und mit freiem Blick auf die drei Brusthaare. Oben drüber stand: »Ost-Star kommt in den Thomas-Club«. Ich dachte: Na, hoffentlich sieht das keiner bei mir zu Hause.

Ich sang meine Lieder, die Musik kam von der Kassette. Keine Ahnung, wie das klang. Damals war halt alles Neuland und ein großes Abenteuer. Gleichzeitig war es auch eine gute Schule. Man lernte, mit den verschiedensten Unwägbarkeiten umzugehen. Aufgrund meines Erfolges spielte ich später noch in einem weiteren Club in der Nähe des *Café Kranzler* zur Weihnachtsfeier.

Michael machte sich in jener Zeit richtig stark für mich und schmiedete Zukunftspläne. Er berichtete mir, dass er während einer Reise mit dem Berliner Theaterclub e.V. nach Griechenland mit Otfried Laur, dem ersten Vorsitzenden des Clubs, über eine Zusammenarbeit gesprochen hatte und machte sich echt Gedanken darüber, wie man meine Karriere in Westberlin vorantreiben könne. Laur war derjenige, der für Helga Hahnemann die ersten Galas und Auftritte in Westberlin organisierte. Die Zusammenarbeit fruchtete jedenfalls, und ich sang im Rathaus Schöneberg für die Senioren, und auch für den renommierten Berliner Theaterclub machte ich erste Veranstaltungen.

Das wäre sicher Stück für Stück so weitergegangen, hätte sich nicht eines Tages alles, alles gewendet.

Die »große Chance« mit Dieter Bohlen

Ich hatte im September 1989 meinen auf drei Monate befristeten Reisepass in der Tasche und verabredete mich mit Harry Jeske. Als Manager hatte er ein Näschen dafür, wo man was und wie für einen Künstler einfädeln konnte. Er schlug mir vor, mich beim Plattenlabel Hansa in Westberlin vorzustellen. Hansa war eine große Nummer. Die hatten nicht nur mit deutschen Schlagern Erfolg, sondern auch mit Frank Farians *Boney M.* und *Eruption*. Ab Mitte der Achtziger war Dieter Bohlen dort als Hauptproduzent tätig, der mit *Modern Talking* einen weltweiten Erfolg einfuhr.

Harry hatte einen Termin für mich vereinbart und ein paar Vorabsprachen getätigt. Wir fuhren also »rüber« und trafen uns bei Hansa mit André Selleneit. Es war ein sehr lockeres Gespräch, und auch die damalige TV-Promoterin Petra Schumann gesellte sich zu uns. Wir überlegten, wie eine Zusammenarbeit aussehen könnte. Vorstellbar war vieles, aber war es auch möglich? Ich hatte immer davon geträumt, im Osten zu leben und im Westen Platten zu produzieren. Das war mein absolutes Ziel. Und dann hieß es auf einmal: »Olaf, wir haben zwei Nummern für dich. Kannst du dir vorstellen, diese auf Deutsch zu singen?«

Das war einmal »Sorry, Little Sarah«, 1987 geschrieben von Dieter Bohlen für sein Projekt *Blue System*, und der ebenfalls aus seiner Feder stammende Song »Red Roses For My Lady«, den Engelbert im Oktober 1989 veröffentlichte. Die deutsche Refrainzeile »P. S.: Ich komme morgen« ist mir bis heute in Erinnerung.

Hansa schlug mir vor, ich solle von Tempelhof aus nach Hamburg fliegen und dort die Nummern einsingen. Ich war begeistert, äußerte aber gleichzeitig meine Bedenken, dass man das natürlich alles vorher mit dem Komitee für Unterhaltungskunst abklären müsse. Doch Hansa wiegelte ab und sagte: »Mach dir keine Gedanken, das kriegt überhaupt kein Mensch mit. Du steigst hier einfach früh in den Flieger und bist abends wieder zurück.«

Ich redete dann mit Harry und sagte: »Du, das ist mir echt zu heikel. Das muss über offizielle Wege gehen und genehmigt werden. Ich kann nicht einfach nach Hamburg fliegen, und am Ende komme ich zurück und die nehmen mich hier fest und sperren mich ein.«

Und ganz drübenbleiben? Niemals! Meine Tochter war gerade auf die Welt gekommen, und ein »Auf Wiedersehen, Familie, und Papa, danke für deine Schützenhilfe, aber ich bin weg« kam für mich nicht in Frage. Doch im Gespräch hatte ich wahrgenommen, dass es von der Hansa-Seite ein wenig darauf hinauslief. Sie sprachen davon, wie toll es wäre, wenn sie mich als Ost-Star aufbauen könnten, und ich dann, als einer der »rüber gemacht ist«, vielleicht sogar Deutschland beim Grand Prix vertreten würde. Letztlich sind wir so verblieben, dass Harry beim Komitee für Unterhaltungskunst prüfen lassen wollte, ob die Möglichkeit für mich bestehe nach Hamburg zu fliegen. Von da an war Funkstille. Auch Harry hat nie wieder etwas dazu gehört, alles verlief im Sande.

Vielleicht war es die große Chance. Vielleicht aber hätte ich auch alles verlieren können.

Im Nachhinein stellte sich heraus, dass meine Entscheidung richtig war. Ich hatte später noch einmal Kontakt zu Reinhard »Meini« Meynen, der damals ebenfalls bei Hansa war. Vielen Radiohörern ist er als legendäre Stimme der Nacht aus dem »ARD-Nachtexpress« bekannt. Als Radiopromoter für diverse Labels hat er so manche Geschichte erlebt. Er erzählte mir, dass die beiden Titel nie auf Deutsch aufgenommen wurden. Dieter Bohlen hatte kurzerhand entschieden, dass die Lieder nicht auf Deutsch produziert werden! »P.S.: Ich komme morgen« – ich vermute, Dieter fand die deutschen Texte einfach nur »mega-scheiße«!

Maria, Mauerfall und McDonald's

Im Sommer 1989 begann die große »Flüchtlingswelle«. Viele wollten raus aus der DDR. Es brodelte im ganzen Land. Es roch an allen Ecken nach Veränderung. Niemand ahnte jedoch, dass die Mauer schon im November »fallen« würde.

Der vierzigste Geburtstag der DDR am 7. Oktober sollte richtig gefeiert werden. Die Staatschefs der befreundeten sozialistischen Länder trafen sich im Palast der Republik zur großen Gala. Gorbatschow sagte bei seiner Ankunft auf dem Flughafen seinen legendären Satz: »Wer zu spät kommt, den bestraft das Leben.« Abends luden sich die »alten Männer« des Landes die Crème de la Crème der Unterhaltungskünstler und Opernstars ein, um sich in ihrem Glanz feiern zu lassen.

Die für das Programm zuständigen Genossen riefen auch bei meinem Vater in Dresden an: Ich sollte an dem Abend im Programm mitwirken und ein paar Lieder singen. Die Staatsführung wollte Olaf Berger sehen. Ich saß in der Zwickmühle, denn für denselben Abend hatte ich ein Engagement für eine große Gala des Berliner Theaterclubs im ICC in Westberlin. Mit Bert Beel, Helga Hahnemann und anderen Künstlern. Alles war unter Dach und Fach. Was machst du da? Absagen? Man wusste ja nie, was das für Konsequenzen nach sich zieht. Doch bei mir kam wieder dieses Gefühl hoch, wahrscheinlich eine Art jugendlich-naiver Größenwahn oder so – ich weiß nicht, ich kann es nicht richtig beschreiben –, aber mir war relativ schnell klar: Nein, ich werde dort nicht auftreten. Ich lasse mir meine Chance in Westberlin nicht versauen. Bisher fanden es die Genossen ja auch gut, wenn sich Gesichter des Ostens erfolgreich im Westen präsentierten und vor allem, so wie ich, auch wieder zurückkamen. Damit konnten sie sich immer schmücken. Ich rief also den programmverantwortlichen Genossen zurück und hörte auf mein Bauchgefühl. Ich eierte nicht lange herum: »Nein, tut mir leid. Ich habe *die* Chance. Ich trete im ICC in diesem großen Rahmen auf. Mit Nero Brandenburg und mit großer Live-Band. Helga Hahnemann ist auch dabei.«

Der Genosse sagte: »Na ja, Olaf, ich habe hier eine Wunschliste mit Namen, und da stehst du nun mal drauf. Ich nehme das jetzt erst mal so auf, und wir senden dir dann die Einladung.«

Der Tag rückte immer näher, doch es kam keine Einladung, kein Vertrag, nix. Vielleicht hat er meinen Namen einfach unter den Tisch fallen lassen, wer weiß. Sie haben mich tatsächlich rausgelassen. Und ich sang an diesem Abend im Internationalen Congress Centrum in Westberlin, während vor dem Palast der Republik meine Landsleute skandierten: »Gorbatschow ans Fenster!« Die Polizei ging mit Schlagstöcken dazwischen. Helga Hahnemann hat übrigens beide Auftritte absolviert – im ICC und im Palast der Republik.

Es war eine verrückte Zeit. Wobei ich sagen muss, dass ich vor der Wende nie besonders politisch engagiert war. Ich habe mein Ding gemacht und hatte in meinem Umfeld Familie und Freunde, mit denen man Tacheles reden konnte. Der Eintritt in die SED stand für mich nie zur Debatte. Mein Papa gab mir damals den Tipp, mich auf meine Jugend und Unerfahrenheit zu berufen, falls mich jemand darauf ansprechen sollte. Außerdem hatte ich noch ein Ass im Ärmel. In meiner Reisetasche befand sich immer ein Aufnahmeantrag für die LDPD, die 1945 gegründete Liberal-Demokratische Partei Deutschlands. Den sollte ich vorzeigen, falls es die Situation wirklich erforderte.

Ich habe mich nie gegen den Staat aufgelehnt, was ich im Nachhinein etwas bedaure. Andererseits hatte ich aber auch das Gefühl, dass von mir als »Schlager-Fritze« niemand irgendwelche politischen Botschaften erwartet. Letztlich, so habe ich es jedenfalls wahrgenommen, hat auch die Rockszene für etwas gekämpft, das sie am Ende nicht bekommen hat. Vielleicht wäre es gar nicht so uncool gewesen, hätte man damals im Osten ein eige-

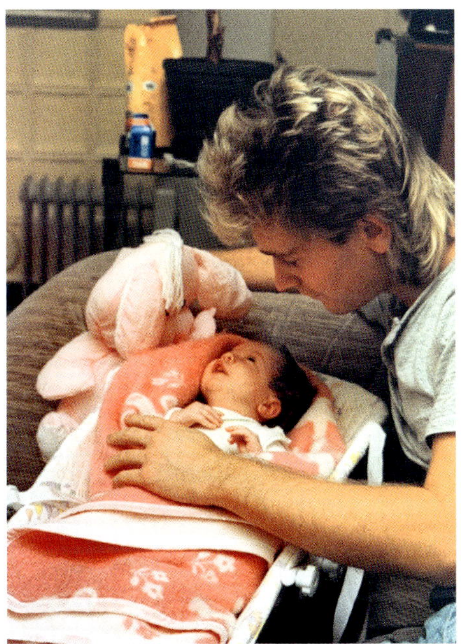
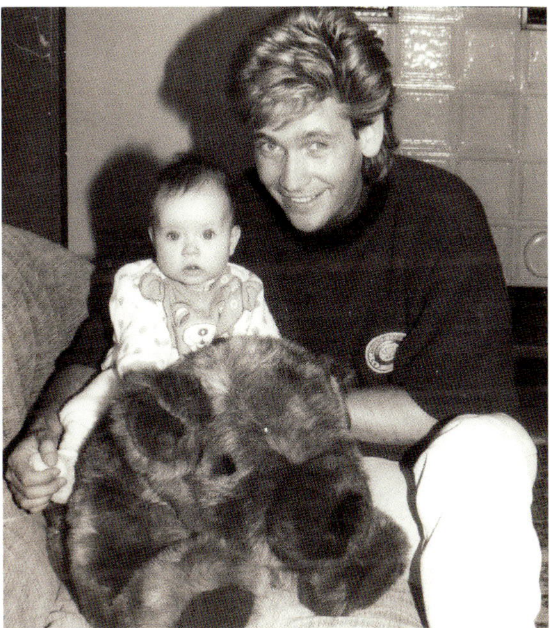

Das Kostbarste und Liebste der Welt: Unsere Tochter Maria ist da!

nes Deutschland aufgebaut. Es gab ja nicht nur »Scheiße« bei uns. Vielleicht hätte man auch die Chance nutzen sollen, aus beiden Systemen ein ganz neues Deutschland zu machen, ohne dass das eine vom anderen einfach nur vereinnahmt wird.

Aber zurück in die Tage vor dem Mauerfall. Meine Tochter war gerade auf der Welt. Maria ist am 28. September geboren. Genau hinein in diese heiße Zeit. Wir waren damals in Dresden. Auf der einen Seite sprudelte das Herz vor Freude über und sagte dir: Toll, dass die Mauer jetzt aufgeht. Aber auf der anderen Seite gab es eine große Verunsicherung. Wir hatten gerade so einen kleinen Wurm, das Kostbarste und Liebste, was man sich vorstellen kann, in die Welt gesetzt und wussten nun nicht, was auf uns alle zukommt. Wie wird sich unsere Welt verändern?

Mir war relativ schnell bewusst, dass sich in meinem Beruf alles verschieben würde. Ich hatte ja schon die Erfahrung gemacht, im Westen in Clubs für schmales Geld zu spielen. Das war »just for fun« und »Hauptsache raus«, aber eine Familie davon ernähren?

In der Euphorie dieser Zeit stellte sich die Frage, was aus unseren Künstlern wird, die im anderen Teil Deutschlands niemand kennt. Die Leute im Osten waren plötzlich wie verrückt nach den kleinen und großen Stars aus Westdeutschland und feierten sie ab. Andersherum funktionierte es logischerweise nicht. Es brachte nichts, nach Stuttgart oder Köln zu fahren und zu sagen: »Ich bin übrigens der große Schlagerstar aus dem Osten.« Mancher Westkollege, der mir in Dresden und Cottbus freudig in die Arme fiel und mir zum Mauerfall gratulierte, hat mich kurze Zeit später in Duisburg eher erstaunt angesehen und gesagt: »Huch, was machst du denn hier?« So unter dem Motto: Jetzt kommen die »Ossis« her und nehmen uns wohl auch noch unsere Muggen weg!

Mir war auch schnell klar, dass es nicht so einfach wird, mit eigener Band unterwegs zu sein, wenn man schon froh war, überhaupt auftreten zu können. Es stellten sich unheimlich viele Fragen: Was ist mit den alten Verträgen? Wie geht's jetzt weiter? Schafft man es, sich in ganz Deutschland durchzusetzen? Aber »Kraft meiner Wassersuppe«, aufgrund meiner Jugend und meines festen Glaubens an mich habe ich mir damals gesagt: Jetzt gebe ich noch mal richtig Gas!

Mein erstes Problem bestand darin, dass ich bei mir zu Hause in Dresden kein Telefon hatte und auch keines in Aussicht war. Da riet mir ein befreundeter Journalist aus Bayreuth, der sich schon zu DDR-Zeiten für Künstler aus dem Osten interessierte und Artikel über die Szene schrieb, ich solle doch einfach nach Bayreuth ziehen. Das liege unweit der Grenze, und dort hätte ich alles, was ich brauche. Er unterstützte mich, wo es nur ging, und hatte auch gute Verbindungen zu den regionalen Agenturen wie Semmel. Im Vergleich zum heutigen Semmel Concerts, einem der größten und erfolgreichsten Konzertveranstalter Deutschlands, war das damals noch eine kleine Agentur. Dieser Journalist fädelte auch den Erstkontakt zu meiner künftigen Westberliner Managerin Ingrid Reith ein.

Kurzerhand verließen wir also die Wohnung in Dresden und zogen mit Sack und Pack nach Bayreuth. Wir mieteten ein Reihenhaus in der Nähe des Festspielhauses, merkten jedoch schnell: Das hier ist überhaupt nicht unser Ding. Alles war so gediegen, die Welt schien so sehr in Ordnung. Es war uns einfach zu bieder und spießig, nicht unser Ding.

Nach kurzer Zeit hieß es dann: Auf nach Berlin. Ich wollte ohnehin nach Berlin, denn dort wartete die Chance meines Lebens auf mich. Aber davon erzähle ich später. Bernd Walter, ein befreundeter Kollege und bekannter Humorist, vermittelte uns eine Wohnung im dritten Stock in der Wilhelm-Pieck-Straße, der heutigen Torstraße. Mit Ofenheizung.

Der Zustand der Wohnung war uns egal, Hauptsache weg, aber wir hatten wieder kein Telefon. Zum Glück gab es C-Netz-Mobiltelefone, und so schleppte man eben diese schweren Riesenkisten mit sich herum. Aber leicht war damals sowieso nichts.

Als »Ossi« hatte man es nicht einfach und wurde mit vielen neuen Dingen konfrontiert: Verträge, Versicherungen, »Märchensteuer« und einem unheimlichen Gegenwind. Man musste lernen, seine Ellenbogen zu gebrauchen. Wir waren teilweise wie Auszubildende im neuen System. Da passierten natürlich auch kuriose, lustige Dinge. Ich war nach dem Mauerfall mit zwei jungen Radioleuten vom Sender Freies Berlin (SFB) in Westberlin verabredet. Nach unserem Treffen gingen wir abends noch auf den Ku'damm. »Los, wir gehen mal schnell zu McDonald's«, sagten sie. Vor uns stand eine riesige Schlange an, weil alle »neuen Mitbürger« ja mal ausprobieren wollten, wie es da schmeckt. Endlich war klein Oli dran, und als mich die Verkäuferin fragte, was ich gern haben möchte, sagte ich kurzerhand: »Einen McDonald's bitte.«

Meine beiden Begleiter haben flachgelegen vor Lachen. Ich hatte überhaupt keine Ahnung von Cheeseburgern oder Hamburgern. Auch nicht von so vielem anderen, das mich noch erwartete.

Laut und leise – Happy Together I

Ach, Happy, mein Happy. Mit dir bin ich wirklich durch dick und dünn gegangen. Happy war lange Zeit mein Manager. Er hieß eigentlich Hartmut Proft, aber alle nannten ihn nur Happy.

Kennengelernt haben wir uns Ende der Achtziger bei einer Ostseetournee in Binz. Er war staatlich geprüfter Programmgestalter, so hieß das ganz offiziell. Wir haben schon damals die ersten Fäden gesponnen, wie es wäre, wenn wir zusammenarbeiten. Zum Ende der DDR begann er bald, sich um meine geschäftlichen Angelegenheiten zu kümmern. Ich war heilfroh, dass ich in den Wendezeiten jemanden an meiner Seite hatte, der mit mir Klinkenputzen ging. Denn für uns Ost-Künstler war die Zeit nach dem Mauerfall wie ein Neuanfang und wahrlich kein Zuckerschlecken. Uns ging es wie vielen Ost-Bürgern, die von jetzt auf gleich nicht mehr gebraucht wurden. Jedenfalls sind wir einfach mit Happys grasgrünem Golf 2 losgefahren, um die Welt zu erobern und mich deutschlandweit bekannt zu machen – so der Plan!

Hinten im Kofferraum deponierten wir, ganz DDR-like, zwei volle Zwanzig-Liter-Benzinkanister. Fleißig haben wir Agenturen, Veranstalter und Diskotheken abgeklappert und dabei jede Menge erlebt. Manchmal machten wir auch sehr abstruse Erfahrungen. So hatten wir ein interessantes Treffen mit dem damaligen Präsidenten des Bundesverbands der Discjockey Siggi Arden. Siggi machte einen Auftritt in der legendären Diskothek *Mississippi* in Essen für mich klar und erzählte uns, wie der Hase läuft. »Klar könnt ihr hier und da spielen, aber natürlich ohne oder für ganz schmale Gage. Olaf, du machst einfach richtig Druck auf der Bühne. Dann sehen dich die Leute und kommen von ganz alleine und buchen dich.«

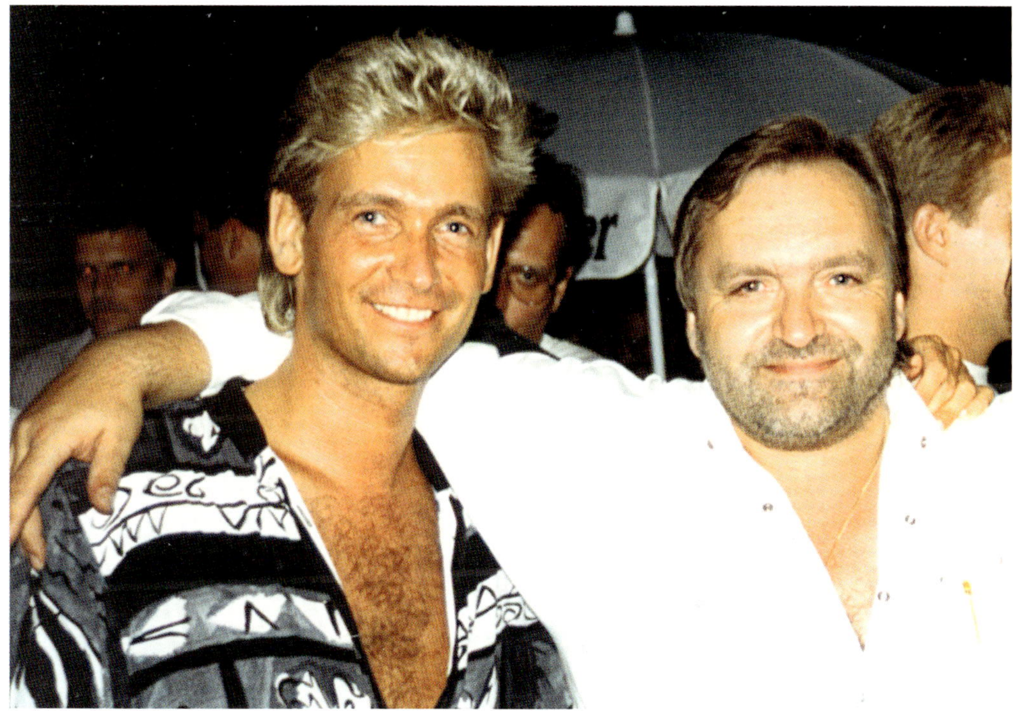

Angebote, ohne Gage aufzutreten, gab es wirklich jede Menge. Vor allem aber gab es jede Menge Spinner, Aufschneider und Leute, die dir das Blaue vom Himmel versprachen. Lauter neue Erfahrungen für uns Mugger aus dem Osten. Wohlbehütet sind wir vorher durch unser kleines Land gefahren, hatten Sicherheiten und niemals Angst, von unserem Beruf nicht leben zu können.

In den sogenannten alten Bundesländern kannte uns also kaum jemand. Da passierte einmal Folgendes: Wir waren auf unserer ersten Radiosenderreise und machten Station in Frankfurt am Main. Der Redakteur, der uns beim dortigen Sender empfangen wollte, war nicht da oder verhindert. Dem Pförtner aber, der uns an unserem Dialekt sofort als »Ossis« erkannte, taten wir leid. Er sagte: »Mensch, da seid ihr so lange hierhergefahren. Ich probiere mal was. Ich ruf mal oben an. Vielleicht ist ein anderer Kollege für euch da.«

Es fand sich tatsächlich ein »Ersatzredakteur«. Wir wurden durchgelassen, und während wir im Fahrstuhl nach oben fuhren, stellten wir uns vor, wie der Kollege in diesem Moment wild auf dem Schreibtisch seines Kollegen herumwühlt, um einen Flyer oder eine Single von mir zu finden. Lange Rede, kurzer Sinn: Er empfing uns an seinem Schreibtisch. Wir tranken Kaffee und redeten über Gott und die Welt, die lange Autofahrt, das Wetter und, und, und. Ich dachte so bei mir: Wann kommen wir denn nun endlich mal zu meinen Liedern? Auf jeden Fall hatte er noch nie etwas von mir gehört und schaute beim Smalltalk immer Happy an. Bis wir beide nach einer ganzen Weile merkten, dass er dachte, Happy sei der Künstler und ich der Kraftfahrer. Wahrscheinlich weil Happy seinen feinen Zwirn anhatte und ich nur lockere Freizeitkleidung. Aber irgendwann platzte bei ihm der Knoten, und dann sprudelte es aus ihm heraus: »Ach, *Sie* sind Olaf Berger. Ach so! Lustig. Entschuldigung.«

Das war eine geile Erfahrung, und ich dachte so bei mir: O Gott, o Gott! Das wird ein harter, weiter Weg, bis wir hier angekommen sind.

Aber ich war froh, dass mich Happy auf diesem Weg begleitet hat. Wir waren in jenen Zeiten wie Latsch und Bommel, haben auch, um Kosten zu sparen, meist im selben Hotelzimmer übernachtet. Nun schnarchte Happy aber wie ein Berserker. Er konnte sich überall hinlegen, und schon begann er zu ratzen. Wenn wir aber zusammen waren, holte er sich einen Krimi heraus und las, bis ich schlief, um mich, »den sensiblen Künstler«, zu schonen. Erst dann legte er das Buch zur Seite und fing an »zu sägen«. Ich erinnere mich allerdings an eine Frauentagsveranstaltungsreihe in Erfurt 1990. Wir übernachteten in einem Neubaublock und teilten uns eine Wohnung. Da passierte es, dass ich nicht schlafen konnte. Happy war währenddessen dabei, den halben Thüringer Wald umzusäbeln. Ich wusste mir keinen anderen Rat und klatschte immerzu in die Hände, in der Hoffnung, dieses Geräusch würde ihn dazu bringen, sich umzudrehen oder etwas leiser zu schnarchen. Plötzlich öffnete Happy die Augen und murmelte vor sich hin: »Oje, jetzt gibt sich der Künstler schon selbst Applaus!!«

Es waren verrückte und schöne Zeiten, und ich konnte mich auf Happy absolut verlassen. Wir waren ein super Team. Er gab mir immer das Gefühl, dass er zu einhundert Prozent hinter mir steht und dass er an mich als Künstler glaubt. Außerdem konnte er das, was ich nicht konnte: zum Beispiel nein sagen. Happy löste die unangenehmen Sachen für mich und hielt mir den Rücken frei. Wenn es irgendein Problem gab, konnte ich sagen: »Klären Sie das bitte mit meinem Manager, ich bin hier nur der Sänger.«

Er war schon der bissige Hund, der Verhandler, der sich für mich aufopferte. Wenn ich nur an die ganze Fahrerei denke. Er hat mich abgeholt, gefahren und später sogar am Mischpult für den Sound gesorgt. Ich erinnere mich an eine schöne kleine Episode. Wir spielten in Waren an der Müritz. Da gibt es ein großes Autohaus, und der damalige Besitzer, Theo Schlingmann, hatte eine Affinität zu mir, weil ich ja auch Autoschlosser bin. Wir waren uns sofort sympathisch, und wenn ich mich recht erinnere, trat ich dann regelmäßig bei seinem großen Autohausfest auf. Einmal war mein Töchterchen Maria dabei. Sie kam mit meinen Schwiegereltern, die damals in der Nähe Urlaub machten. Im Schlepptau hatten sie Paul, Marias zwei Jahre älteren Cousin. Er interessierte sich mit seinen acht Jahren brennend für Happy und fragte Maria: »Wer ist denn das da, der Mann da, der Happy. Was macht der denn?«

Und Maria antwortete: »Das ist der Manager von meinem Papa.«

»Aha«, sagte Paul, »dein Papa hat einen Manager? Und was macht der Manager?«

Maria sagte kurzerhand: »Ach, der macht den Papa laut und leise.«

Paulchen war mit der Erklärung zufrieden, und wir haben köstlich darüber gelacht.

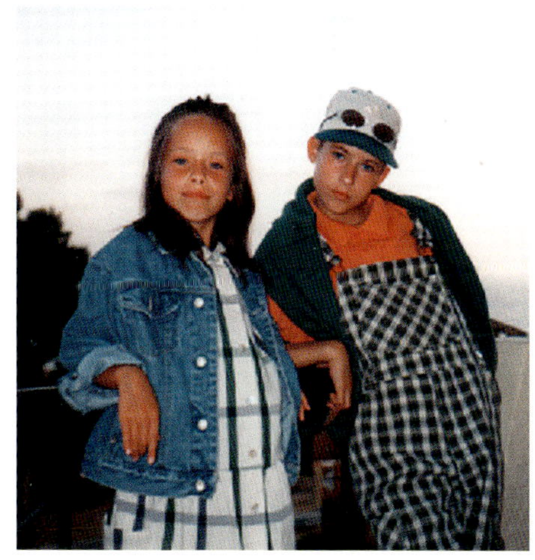

Maria und Paul

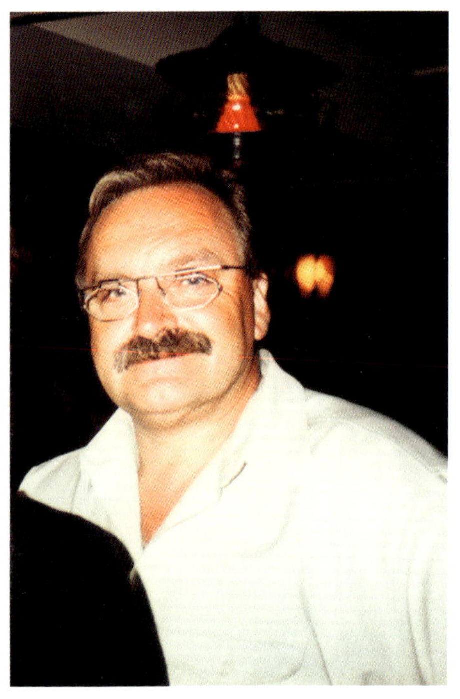

Eine Zeit lang sah Happy aus wie eine Mischung aus Heinz Rudolf Kunze und Klaus Lage: Brille, Dreitagebart und eine etwas stämmige Figur. In dieser »Phase« gastierte ich im Osten bei einer Firmengala. Schon als wir den Saal betraten, merkte ich, wie die Leute tuschelten. Ich absolvierte jedenfalls meinen Auftritt und gab anschließend noch eine kleine Autogrammstunde, bei der ein Zuschauer zu mir kam und sagte: »Also wir finden das hier alle so klasse, dass ihr als Künstler so zusammenhaltet. Das hätten wir nie gedacht, dass das wirklich so funktioniert, so übergreifend Ost und West.«

Happy und ich schauten uns an und wunderten uns. Was redet der Mann denn da? Als ich mein Autogrammfoto unterschrieben hatte, sagte der Zuschauer: »Und könnte der Herr Kunze bitte auch noch unterschreiben?«

Da fiel es uns wie Schuppen von den Augen, die Leute dachten doch tatsächlich, an meinem Mischpult steht Heinz Rudolf Kunze und macht den Ton – mal laut, mal leise. Kommste nicht drauf!

Heinz Quermann und die »Goldene Stimmgabel«

Meine erste Single in »Gesamtdeutschland« hieß »Feuervogel«. Das Lied hatten mir Jean Frankfurter und Irma Holder auf den Leib geschrieben. Es war 1990, und ich war froh, so ein gutes Kreativgespann für meinen Start in die neue Zeit gefunden zu haben. Ich wusste, ich brauche unbedingt Fernsehpräsenz, um in den »alten Bundesländern« wahrgenommen zu werden. Am besten in einer großen Show in der ARD oder im ZDF.

Am 22. September desselben Jahres war es so weit. Und das kam so: Die deutsche Musikbranche zeichnete seit 1981 einmal im Jahr deutsche Interpreten mit der »Goldenen Stimmgabel« aus. Die Preisträger wurden anhand der verkauften Tonträger der vergangenen zwölf Monate bestimmt, die Verkaufszahlen ermittelte das Unternehmen Media Control. Seit 1983 wurde die Auszeichnungsveranstaltung in der ARD live übertragen. Erfinder und Moderator der Sendung war Dieter Thomas Heck. Da nun die Mauer gefallen war, wollte man *eine* »Stimmgabel« auch an einen DDR-Künstler verleihen. Da wir Ostkünstler aber nicht bei Media Control gelistet waren, fragte man beim Deutschen Fernsehfunk an, wer in den letzten Jahren der erfolgreichste Interpret gewesen sei. Und siehe da, die Wahl fiel auf mich.

Happy, der immer gute Ideen hatte, rief bei der Hauptabteilung Fernsehunterhaltung und Musik im DFF an und verlangte nach Heinz Quermann. Ich habe Heinz, den Quermann, in den vorigen Kapiteln schon mehrmals erwähnt, und auch diesmal erwies er sich als guter Begleiter und Anschubser meiner Karriere. Happy bat ihn, einen Brief zu schreiben und meine Wahl zu begründen. Ich gestatte mir, liebe Leserinnen und Leser, ihnen diesen Brief in Gänze zu präsentieren. Heinz Quermann schrieb:

DEUTSCHER FERNSEHFUNK DFF

Hauptabteilung Fernsehunterhaltung und Musik
Redaktion Heinz Quermann

Rudower Chaussee
Berlin
1199
Telefon 6818
Telex 011288
Telegramm Deutscher Fernsehfunk

Bank BSK 6/41

Herrn
Hartmut Proft
Richard-Wagner-Str. 4
B a u t z e n
8 6 0 0

Ihre Zeichen | Ihre Nachricht vom | Unser Zeichen | Datum

12.6.90

Lieber Hartmut Proft,

nach sechs Folgen der Evergreen-Wunschsendung im Deutschen Fernsehfunk "Musik, die Ihnen Freude bringt", steht einwandfrei fest, daß Olaf Berger auf den Wunschlisten für DDR-Interpreten an führender Stelle rangiert.
Das bestätigt die Ergebnisse meiner "Schlagerrevue von Radio DDR", die mit einer Laufzeit von 36 Jahren und 3 Monaten als älteste Hitparade der Welt gilt.
Insgesamt zehnmal gewann Frank Schöbel eine Jahresendauswertung und er blieb über 20 Jahre lang die Nummer 1 des DDR-Schlagers. Schöbels Karriere begann 1964,im gleichen Jahr also, als Olaf Berger geboren wurde.
Gut 20 Jahre später stürmte Olaf an die Spitze unserer Hit-Paraden und schaffte auf Anhieb dreimal Jahressieger in der "Schlagerrevue" zu werden.
So wurde auch er - genau wie Frank Schöbel damals - als Sänger und Komponist ein Schlageridol für alle Altersklassen, denn Olaf besitzt erfreulicherweise jene Eigenschaften, die eigentlich schon immer Maßstäbe setzten für nationele und internationale Erfolge.
Nicht nur ich würde es begrüßen, wenn er trotz der momentanen schwierigen Situation unbeschadet seine Karriere fortsetzen kann.

Mit freundlichen Grüßen

Heinz Quermann

Heinz Quermann

Diesen Brief ließen wir Dieter Thomas Heck zukommen. Und nicht nur, dass er während der Sendung einige Sätze daraus vorlas, er lud Heinz Quermann auch nach Ludwigshafen zur Aufzeichnung ein. Heinz saß mit seiner Frau in der ersten Reihe und ließ sich vom Publikum feiern. Aber auch ich hatte Grund zum Feiern. Ich sang meinen »Feuervogel« und war der erste ostdeutsche Künstler, dem die »Goldene Stimmgabel« verliehen wurde. Ein Meilenstein in meiner Karriere und ein überwältigendes Gefühl.

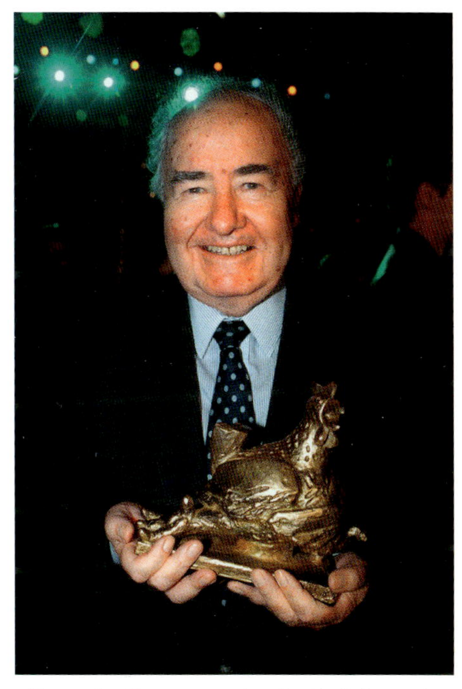

»Heinz, der Quermann« bei der Verleihung der »Goldenen Henne« im Oktober 2000

Plötzlich stand ich mit Sängern auf der Bühne, die ich bis dahin nur aus Radio oder Fernsehen kannte: Roy Black, Nena, Milva, *Münchener Freiheit*, Peter Kraus und Matthias Reim. Alles große Namen und Legenden! Und ich mittendrin. Jetzt konnte es richtig losgehen.

Heinz Quermann hatte mir wieder einmal Glück gebracht. Das letzte Mal traf ich ihn im Jahr 2000. Heinz bekam für sein Lebenswerk den ostdeutschen Medienpreis »Goldene Henne« verliehen, den größten Publikumspreis Deutschlands. Den hatte er sich wahrlich verdient. Er starb am 14. Oktober 2003 im Alter von zweiundachtzig Jahren.

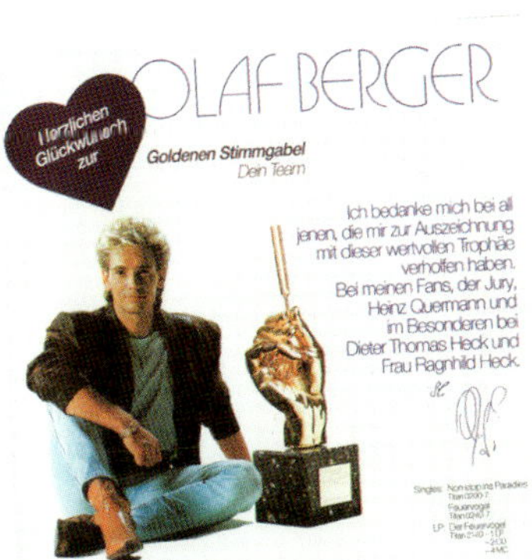

Schöne neue Welt

1990. Die Mauer war weg, die »Goldene Stimmgabel« in meiner Tasche, und ich hatte das Gefühl, die ganze Welt steht mir offen. Ich war gerade mit meiner kleinen Familie nach Bayreuth gezogen. Doch, wie bereits erwähnt, stellte sich bald heraus, dass das eine Fehlentscheidung war. Es sollte nicht die einzige in meinem Leben bleiben.

Zumindest war ich in Bayreuth aber telefonisch erreichbar. Drei Tage nach Verleihung der »Stimmgabel« klingelte das Telefon. Meine Frau Andrea nahm ab, und es meldete sich ein gewisser Jack White. Sie dachte, uns würde jemand einen Streich spielen. »Ja, ja, und hier ist der Kaiser von China«, hörte ich sie sagen. Sie reichte mir den Hörer weiter, und ich merkte schnell: Es war tatsächlich Jack White. Der Produzentenkönig. Er wolle sich gern mal mit mir treffen, sagte er. Der Auftritt bei der »Stimmgabel« hatte ihm gut gefallen, und er hatte sich daraufhin bei Franz Bartzsch nach mir erkundigt. Franz komponierte die schönsten Lieder für Veronika Fischer und war nach seinem Weggang in den Westen unter anderem Komponist und Keyboarder für Roland Kaiser. Für Jack arbeitete er als Arrangeur.

Jack gab mir seine Telefonnummer, und ich sollte einen Termin mit seinem Büro für ein Treffen in Berlin vereinbaren. Falls ich Lust dazu hätte.

Was soll ich sagen, natürlich hatte ich Lust. Ich war wie elektrisiert. Jack war einfach ein Überflieger. Es war mein Wunschtraum, mit so jemandem zusammenarbeiten zu können. Er besaß diese weltmännische Ausstrahlung und hatte gleichzeitig etwas Kumpelhaftes an sich und eine unheimliche Begeisterungsfähigkeit. Er konnte die Leute für sich einnehmen. Mich nahm er ganz und gar ein. Ich kannte auch seinen »Riecher« für Hits. In seinem Büro hingen die vielen Gold- und Platin-Schallplatten an der Wand, und ich sah mich schon in einer Reihe mit Laura Branigan, David Hasselhoff und Paul Anka.

Jetzt oder nie, dachte ich. Es gab nur ein klitzekleines Problem, doch ich war felsenfest überzeugt, dass es sich im gegenseitigen Einvernehmen lösen ließe. Aber manchmal werden aus Mücken tatsächlich Elefanten. Das musste ich schmerzlich erfahren, denn in der neuen Gesellschaftsordnung kannte man seine Rechte. Und in meinem Fall war die Mücke ein Vertrag.

Michael Hansen, der von mir schon erwähnte Westberliner Sänger (er stammte aus Dänemark, lebte aber schon lange in Westberlin), stand in gutem Kontakt zum Funkturm Verlag, der kleine, feine Sachen veröffentlichte. Der Besitzer, Thomas Jost, arbeitete zu DDR-Zeiten mit dem privaten Tonstudio in Berlin-Neuenhagen zusammen, in dem auch ich einige meiner Songs produzierte. Und so bekam ich noch kurz vor dem Mauerfall das Angebot, einen Plattendeal mit dieser Westberliner Plattenfirma zu schließen. Andere Ostkünstler wie Wolfgang Ziegler, *Karat* oder die *Puhdys* veröffentlichten zu DDR-Zeiten ebenfalls schon im Westen. Während einer »Kessel Buntes«-Produktion lernte ich dann Toni Bunte kennen. Er war Inhaber von TITAN Schallplatten aus der Nähe von Köln und veröffentlichte mit seinem Label Sampler aller Art, von »Kessel Buntes – das Beste aus Ost und West« bis hin zu »Best of«-CDs von Dieter Thomas Hecks Fernsehsendungen. Er verstand es, mich zu begeistern, und ich bat Thomas Jost von Funkturm darum, eine Zusammenarbeit mit TITAN Schallplatten zu ermöglichen. Beide einigten sich, und mit Vertrag und allem Pipapo erschien meine erste Westsingle: »Nonstop ins Paradies«. Mit TITAN veröffentlichte ich schließlich auch mein erstes Westalbum *Geheime Zeichen*. Die meisten Produktionen darauf stammten von Jean Frankfurter.

Zurückblickend muss ich sagen: Ich hätte diesen Weg gut auch weitergehen können, mit Jean Frankfurter an meiner Seite. Schließlich ist er einer der erfolgreichsten deutschen Produzenten und Komponisten und hat nicht zuletzt Helene Fischer zum Star gemacht. Doch damals schien mir das Angebot von Jack White unwiderstehlich. Dazu kam, dass ich mir die erfahrene Managerin Ingrid Reith an die Seite genommen hatte. Sie war mit ihren Ideen und guten Kontakten besonders im Fernsehgeschäft eine große Nummer. Ingrid war völlig begeistert von der Möglichkeit, mit Jack White zu arbeiten, und riet mir heftig zu.

Wir machten also einen Termin bei Jack. Vor dem Treffen legte Ingrid mir ans Herz, bei diesem ersten Termin doch besser meinen TITAN-Schallplattendeal nicht zu erwähnen, um uns zunächst keine Wege zu verbauen. Gut. Wir trafen uns also mit Jack White, und es war ein tolles Gespräch. Er war ausgesprochen sympathisch und sagte gleich: »Olaf, du bist der prädestinierte Schlagersänger. Du bist für mich der junge Jürgen Marcus.« Er fragte mich aber auch, wie ich meinen eigenen musikalischen Weg sehe. Für mich war immer klar, dass ich vom Stil her in die Richtung von Roland Kaiser oder Howard Carpendale gehen würde. Deren Titel hatte ich schon in den Zeiten mit Papas Band am liebsten gesungen. Jack fand das gut. »Olaf«, sagte er, »wir machen das! Wir arbeiten zusammen.«

Perfekt. Entgegen Ingrids Rat spielte ich aber mit offenen Karten und erzählte am Ende des Gesprächs noch von meinem Vertrag mit TITAN Schallplatten und Toni Bunte. Jack wusste zwar nicht, wer das war, sagte aber ohne zu zögern: »Das kriegen wir hin, mach dir keine Sorgen, ich rufe dort gleich mal an.«

Schon hatte er den Telefonhörer in der Hand und wollte sich von seinem Vorzimmer verbinden lassen. Ich fand es cool, dass er sich sofort darum kümmerte und das Ganze nicht auf die lange Bank schob. Toni Bunte war jedoch nicht erreichbar. Ich wusste aber, dass ich ihn am Wochenende bei der »Schlagerparade« in Baden-Baden treffen würde, und versprach, mit ihm zu reden. Alles klar.

Ich fuhr mit einem super Gefühl in Richtung Baden-Baden, ganz in dem Glauben, dass mir sicher niemand diese Riesenmöglichkeit, mit Jack White zu arbeiten, verbauen würde: Es wird ja wohl möglich sein, sich zu einigen. Im Guten.

Na ja. Ich gebe zu, das war etwas blauäugig und naiv gedacht. Schon auf dem Gang im Fernsehstudio in Baden-Baden kam Toni auf mich zu und sagte: »Olaf, ich habe gehört, du hast offiziell mit Jack White verhandelt?«

Da war ich erst einmal platt. Durch welche Kanäle war das denn so schnell geschlüpft. Doch ich versuchte, mein Ding durchzuziehen. »Mensch, Toni«, sagte ich, »ja, ich wollte sowieso mit dir sprechen. Das ist natürlich eine Riesenchance für mich. Was denkst du, wie können wir das regeln?«

Seine Antwort war knapp und präzise: »Du weißt, wir haben einen Vertrag miteinander. Das Album läuft an, und ich habe weitere Optionen, den Vertrag zu verlängern. Aber das klären wir dann alles über die Anwälte.«

Rums! Und so begann mein Drama. Über zweieinhalb Jahre beschäftigten sich nun die Anwälte mit dieser Sache. Jack schickte mich zu seiner Anwaltskanzlei Dr. Axel Meyer-Wölden nach München. Meyer-Wölden war in jener Zeit nicht irgendein Anwalt, sondern *der* deutsche Rechtsanwalt. Er wurde vor allem im Tennis als Berater von Boris Becker und als Gründer des Grand-Slam-Cups in München bekannt. Zu seinen Mandanten gehörten auch Stars aus dem Musikgeschäft wie Placido Domingo und Michael Jackson.

In München prüfte mein zuständiger Anwalt Dr. Unger, welche Möglichkeiten es gab, mich aus dem Vertrag herauszubekommen. Mir wurden die Augen geöffnet und gezeigt, was ich da so unterschrieben hatte. Es gab offenbar gute Gründe, den Vertrag erfolgreich zu kündigen, was ich, auf Anraten der Kanzlei hin, tat. Die Antwort der Gegenseite folgte prompt: eine Klage mit einem Streitwert über zweihundertfünfzigtausend D-Mark. Und noch mal: Rums!

Mir war damals nicht bewusst, dass natürlich jedes Schreiben, jeder Brief, jedes Telefonat, besonders auch bei so einer renommierten Kanzlei, enorme Kosten nach sich ziehen. So fand ich ein paar Tage später in meinem Briefkasten eine Rechnung mit der entsprechenden Kostennote als Vorschuss für die Anwälte. Ich verstand die Welt nicht mehr.

Jack bot mir an, erst einmal alle Kosten zu übernehmen und sie mir als »Künstlervorschuss« anzurechnen. Unzählige Briefe, Verhandlungen, Ge-

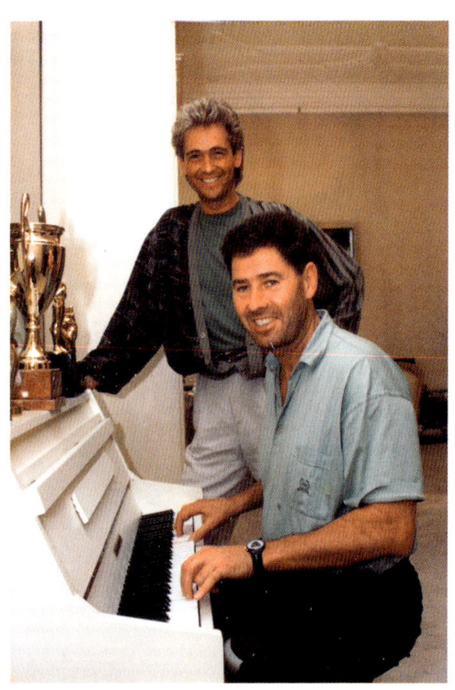

Mit Jack White am Klavier

richtstermine folgten. Am Ende des Tages, oder besser gesagt: am Ende der Jahre, wurde schließlich am 29. April 1993 ein Vergleich mit der Gegenpartei geschlossen. Auf meinem Künstlerkonto stand nun ein sechsstelliges Minus. Ein Schuldenberg, den ich bei Jack sozusagen »absingen« musste.

Es war keine einfache Zeit. Nach außen hin spielte ich den »Sonnyboy« und erzählte allen, wie gut es bei mir läuft, aber im Innersten habe ich mir manchmal gedacht: Wenn ihr nur wüsstet.

Im Frühjahr 1993 war die zweieinhalbjährige Zwangspause endlich vorbei. Ich konnte mich wieder auf das konzentrieren, wofür ich bei Jack unterschrieben hatte: neue Lieder zu produzieren und zu veröffentlichen. Ich war voller Energie und wollte die verlorene Zeit so schnell als möglich aufholen.

Schon im Juli erschien meine erste Single unter White Records: »Ich liebe dich noch immer«, 1994 das erste Album: *Erzähl mir was von dir*. Jack und ich freuten uns gemeinsam darüber, dass wir in kürzester Zeit über zwanzigtausend Stück davon verkauft hatten, und er lud mich zu sich nach Hause zum familiären Abendessen ein. Ich fühlte mich endlich angekommen, und auch mein Schuldenkonto freute sich das erste Mal.

Trotz der Startschwierigkeiten und des Schlamassels meiner Vertragssituation haben wir in den zwölf gemeinsamen Jahren super zusammengearbeitet und viel erreicht. Wir veröffentlichten sechs Alben mit tollen Hits. Ich habe in diesen Jahren sehr gute Produzenten wie Peter Wagner, Hitschreiber wie Uwe Busse und viele Mitstreiter kennengelernt, die mich künstlerisch forderten und mir dazu verhalfen, dass ich bis heute ein gefragter Sänger bin. Missen möchte ich diese Zeit nicht. Gewisse Entwicklungen jedoch hätte ich wohl besser vermeiden sollen. Aber hier reißt die Hätte-hätte-Fahrradkette. Ich habe mein Lehrgeld bezahlt und gut ist.

Nochmals Lehrgeld bezahlte ich später an meine Managerin Ingrid Reith. Happy, den ich nie ganz aus den Augen verlor, wurde nach einer Auszeit wieder mein Tourbegleiter und stand fest an meiner Seite. Wir beide waren sowieso immer ein starkes Team, aber eben »nur« die sogenannte Ostfraktion. Da wurde man nicht selbstverständlich in Stuttgart oder München für Konzertauftritte gebucht. Ingrid hatte die Kontakte und kannte Ansprechpartner und Kanäle, um mich ins Fernsehen zu bringen. Das machte sie wirklich gut. Aufgrund ihres Standings in der Branche hatte sie natürlich auch ihren Preis und Anspruch auf ihren Anteil an den Gagen für die Live-Veranstaltungen. Nach und nach holte allerdings Happy immer mehr Veranstaltungen ran, und das hauptsächlich im Osten. Er stellte mir seine, im Verhältnis schmale, Rechnung, und ich überwies ein nicht zu kleines Sümmchen an meine Managerin. Unterm Strich ging fast die Hälfte meiner Gage an Provisionen drauf. Irgendwann stimmten die Relationen nicht mehr, und ich entschied, dass Happy das gesamte Management allein übernehmen soll. Hinzu kam, dass Jack meine Fernsehpromotion zu diesem Zeitpunkt bereits über seine Münchner TV-Promoterin Angie Arold organisieren ließ. Ich ging also zu Ingrid, mit der ich natürlich auch einen Vertag hatte. Diesen wollte ich nun, nach Jahren unserer Zusammenarbeit, zum Jahresende auslaufen lassen, und bat um Verständnis dafür, dass Happy und ich die Sache wieder selbst in die Hand nehmen. Doch wie in allen Zeiten wiederholte sich die Geschichte. Ingrid pochte auf ihre Option, den Vertrag zu verlängern. Und schon sprang die Anwaltsmaschinerie an und stoppte erst bei einem Vergleich, der mich erneut ein schönes Sümmchen kostete.

Da war sie wieder – die schöne neue Welt.

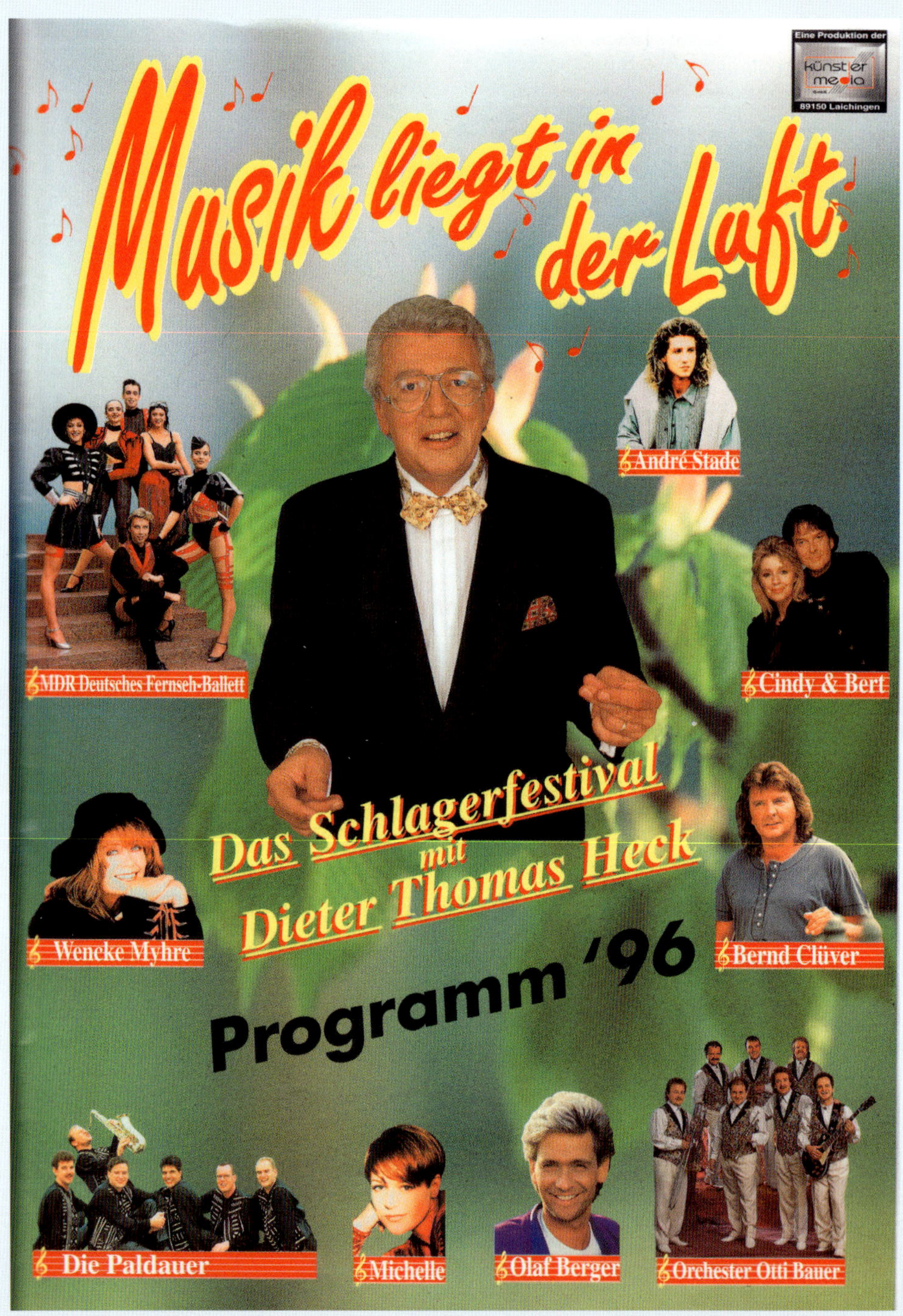

Auf Tour in den neunziger Jahren: Programmheft zur Tournee der ZDF-Sendung »Musik liegt in der Luft«

Erdnussflips und Piccolöchen – Happy Together II

Insbesondere kurz nach der Wende gab es auch in unserem Geschäft viele schwarze Schafe, die versuchten, im Osten auf nicht gerade legale Art und Weise Geld zu verdienen.

Happy konnte mich aber immer beruhigen: »Ich kenne die ganzen Pappenheimer, die versuchen, uns zu betrügen. Oli, ich verspreche dir, du wirst nie ohne Gage auftreten.«

Und das hat er dann auch knallhart durchgezogen. Wir waren wirklich viel unterwegs und stellenweise der meistgebuchte *Act* aus dem Osten. Wir waren uns aber auch für nichts zu schade. Wir haben sogar in Spielotheken zur Party aufgespielt. Da ließ Happy sich die Gage eben in Säcken von Fünf-Mark-Stücken auszahlen.

Er kannte kein Pardon und hat sich mit seiner bissigen Art natürlich nicht nur Freunde gemacht. Aber für mich war das klasse, denn mein Ruf als Künstler wurde nicht beschädigt. Ich war nur der, der die Lieder singt. Speziell war Happy schon, aber wir hatten unheimlich viel Spaß miteinander.

Eines Tages sollten wir in Thüringen spielen. Ein Gastwirt aus den alten Bundesländern hatte dort ein neues Hotel mit Kneipe eröffnet und auf dem gegenüberliegenden Acker ein riesiges Festzelt aufstellen lassen, in dem eine Veranstaltung mit mehreren Künstlern stattfinden sollte. Nun machte ihm aber das Wetter an diesem Wochenende einen Strich durch die Rechnung. Es war kalt und goss in Strömen. Allein der Zugang zum Festzelt sah aus »wie Wacken hoch drei«. Eine riesige Schlammschlacht.

Vor Ort angekommen, begutachteten Happy und ich das Zelt. Es bot Platz für mindestens dreitausend Zuschauer. Drinnen saßen aber nur rund zweihundert Hansel. Es machte auch nicht den Anschein, dass sich das noch verbessern würde. Happy äußerte gleich seinen Verdacht, dass es bei diesen paar Leuten wohl mit der Gage schwierig werden würde. Wir fragten die anderen Kollegen, ob sie schon ihr Geld bekommen hätten. Sie waren alle hoffnungsvoll und sagten: »Nee, aber der überweist doch danach. Es hat früher geklappt, warum soll es jetzt nicht klappen.«

Das aber kam für meinen Happy nicht in Frage. »Kohle vorab, sonst sind wir wieder weg!« Er also hin zum Veranstalter, um ihn zu bitten, die Abrechnung zu machen. Der sagte: »Nee, nee, das machen wir danach.«

Happy ließ sich nicht darauf ein und pochte auf unseren Vertrag. Darin stand: »Bargeld vor dem Auftritt.« Daraufhin bedeutete uns der Typ, dass er nur kurz zum Hotel rüberfahren müsse, um das Geld zu holen, und *schwups*, war er weg. Mittlerweile rückte die Zeit meines Auftritts immer näher. Aber von unserer Gage und vom Veranstalter keine Spur. Happy machte kurz den Soundcheck, während ich von hinten ins Festzelt hineinschmulte und sah, dass eine ganze Menge treuer Fans da war. Für mich stand fest: Du musst hier auftreten. Du kannst die Fans und die Gäste hier einfach nicht enttäuschen. Aber Happy blieb eisern. »Nein, Oli, erst muss das Geld da sein. Sonst fahren wir ab.« Er war halt Manager durch und durch.

Ich ließ jedoch nicht locker, denn ich wusste, dass die Fans es nicht verstehen würden, wenn sie kilometerweit angereist sind und sich dann irgendjemand auf die Bühne stellt, um zu verkünden, dass Olaf Berger nicht auftreten wird, dass er leider schon abgefahren ist, weil er sein Geld nicht bekommen hat. Viele Künstler kennen solche Situationen. Happy sagte also: »Okay, warte!«

Plötzlich kam er mit seinem Pontiac Kleinbus, einer Großraumlimousine, rückwärts hinten ans Zelt gefahren. Er stieg aus, machte die Kofferraumklappe auf und sagte: »Gib mir mal die Kisten.« Direkt neben der Bühne, in unserer Garderobe, waren meterhoch Erdnussflips und Salzstangen aufgestapelt. Der Bedarf einer Großkompanie für mehrere Wochen. Wir haben das ganze Knabberzeug bis unters Dach im Pontiac verstaut. Jetzt hatten wir wenigs-

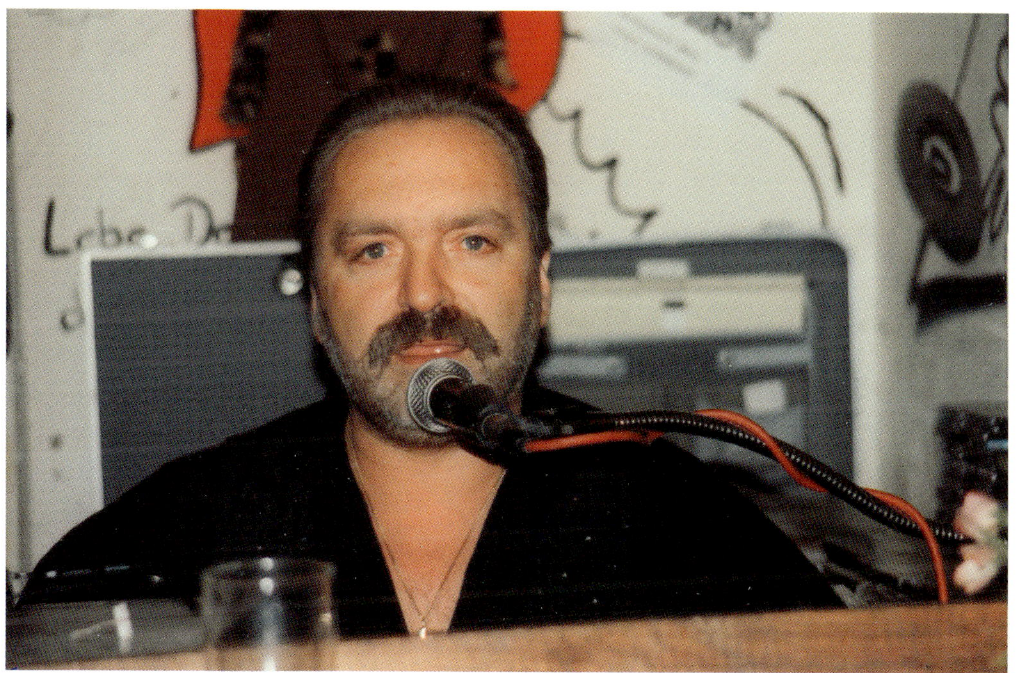

Happy saß an den Reglern und heizte auch als DJ die Stimmung an.

tens schon mal einen Gegenwert für meinen Auftritt. Happy war in solchen Situationen »schmerzfrei«. Er sagte nur: »Jetzt kannst du auf die Bühne gehen« – und lachte sich ins Fäustchen.

Als ich dann mein erstes Lied sang und Happy am Mischpult stand, sah ich auf einmal, wie der Veranstalter ihm auf die Schulter tippt und die Auszahlung macht. Ich war froh, dass alles doch so gut ausgegangen war und gab weiter Vollgas auf der Bühne. Nach meinem Auftritt ging ich in die Garderobe, wo sich weitere Kollegen auf ihren Auftritt vorbereiteten. Damit sie es nicht mitbekamen, fragte ich Happy ganz leise, was denn nun mit dem ganzen Knabberzeug werde. Wir waren uns schnell einig, dass es total peinlich wäre, es wieder auszuladen. Also stiegen wir schleunigst ins Auto, und weg waren wir, mit einer ganz besonderen Ladung an Bord. Wir haben bestimmt noch anderthalb Jahre Erdnussflips und Salzstangen gegessen – aber, wenn ich ganz ehrlich bin, immer mit ein paar Bauchschmerzen und dem Gefühl von damals, als ich als kleiner Steppke mal etwas geklaut hatte.

Die Erinnerung daran lässt mich an eine ganz bestimmte Situation denken: Meine Mama hatte mir hin und wieder die Aufgabe übertragen, beim kleinen Konsum um die Ecke zwei Milchflaschen zu holen. Da es ganz früh vor der Öffnungszeit war, standen die Kisten mit den Flaschen vor dem Laden und das Geld wurde in einen Kasten geworfen. Eine Art Kasse des Vertrauens. So war es vereinbart, und immer ging es gut. Doch einmal rappelte es mich: Ich nahm die zwei Flaschen und behielt das Geld einfach für mich. Zu Hause angekommen sah meine Mama mich an – ich glaube Mütter haben so einen siebten Sinn –, und fragte mich: »Oli, du hast doch das Geld reingelegt!?« Mit rotem Kopf gestand ich sofort. Nach einem Donnerwetter schlich ich mich verheult und verschämt zum Konsum. Der hatte inzwischen schon geöffnet und so musste ich persönlich das Geld übergeben. War mir das peinlich!

Happy ließ sich nicht die Butter vom Brot nehmen und hat auch hin und wieder richtig auf den Putz gehauen. Manchmal überschätzte er sich dabei ein bisschen. So gab es Anfang der neunziger Jahre einen Hype um die Hütchenspieler. Sie saßen in ganz Berlin an jeder Ecke. Happy guckte denen fünf Minuten über die Schulter und sagte dann: »Ich weiß genau, wie das geht.« Weitere fünf Minuten später hatte er unsere gesamte Gage von der »ZDF-Hitparade« verzockt. Er ließ das aber nicht auf sich sitzen und gab mir meinen Anteil auf Heller und Pfennig zurück. Trotzdem: In dem Moment, als das Geld weg war, tat das schon sehr weh. Aber wie es so ist in einer Beziehung – wir waren ja fast so eng wie ein altes Ehepaar –, gibt es eben auch Höhen und Tiefen.

Eines Tages, es war noch kurz vor der Währungsunion und wir tauschten unsere »Blauen Fliesen«, so nannten wir zu DDR-Zeiten das Westgeld, noch eins zu zehn, wohnten wir im *Schweizerhof* in Westberlin. Als gelernte DDR-Bürger wollten auch wir, wie die meisten unserer Brüder und Schwestern, mal die »neue Freiheit« genießen und stürzten uns in das Berliner Nachtleben.

Happy und ich steuerten die *Dorett-Tanz-Bar* in der Fasanenstraße an, ganz gespannt, was uns dort wohl erwartet. Wir also rein in das Etablissement, doch drinnen war überhaupt nix los. Deshalb sollten wir die ersten »Opfer« werden, und es dauerte nicht lange, bis sich zwei Damen zu uns gesellten. »Hallo Jungs, wollen wir zusammen was trinken?« Happy spielte sofort den Mann von Welt und lud die Damen zum Piccolöchen ein. Wir selbst tranken ein Bier und unterhielten uns mit den beiden. Mit der Zeit wurde es mir langweilig, und ich dachte bei mir: Hm, wohin soll das alles eigentlich führen? Mit den Damen wollte ich nicht anbändeln und wir hätten auch anderswo etwas trinken können. Ich hatte genug gesehen. So ging ich zum Chef an den Tresen und fragte ihn, was wir bisher denn so auf der Uhr hätten. Der wiegelte ab und sagte: »Jungs, macht euch keine Gedanken. Sind erst sechzig.« Sechzig bedeutete für uns aber sechshundert Ostmark für zwei Piccolos und zwei Bier. Mann, o Mann. Die nehmen es ja hier von den Lebendigen, dachte ich. Also habe ich schnell die Rechnung bestellt, bin zu Happy und sagte: »Wir gehen.«

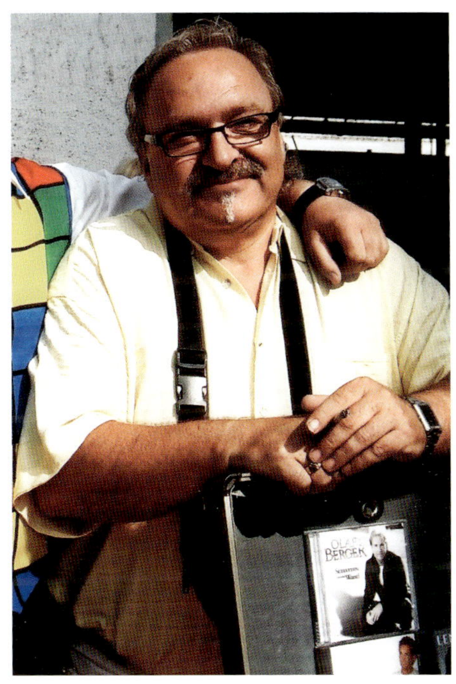

Mit Happy auf Tour

Happy guckte mich groß an und fragte: »Was, wir gehen?«

»Ja, Happy, wir haben sechshundert auf der Uhr!«

Wir haben also schnell bezahlt – und waren weg.

Ich glaube, wir waren nicht die Einzigen, die in diesen neuen Zeiten so ihre Erfahrungen mit den horrenden Preisen für Piccolöchen und Bier in gewissen Etablissements machten.

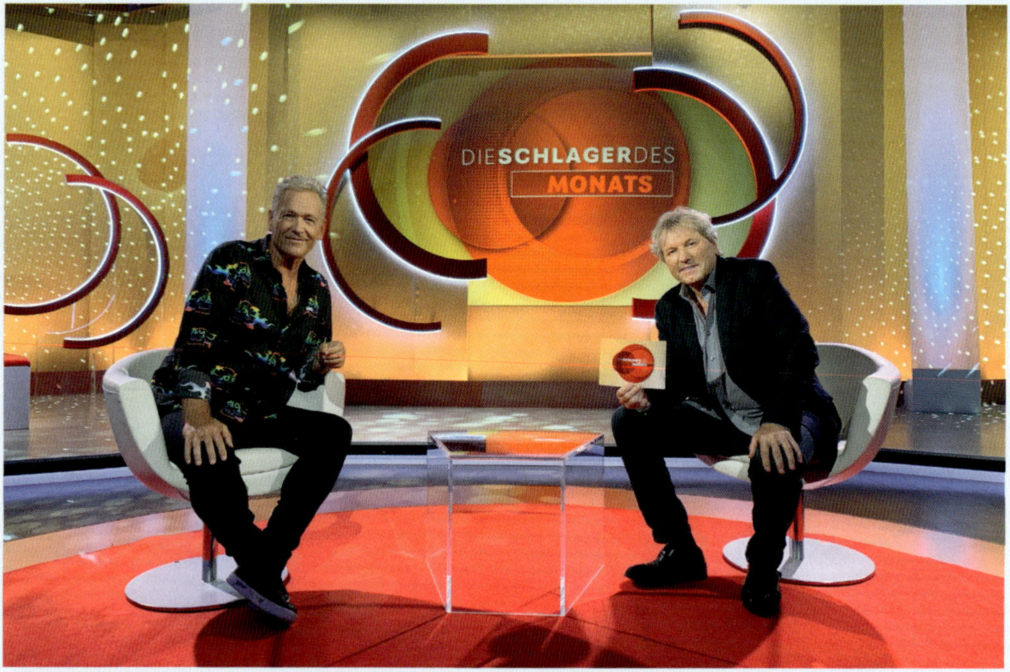

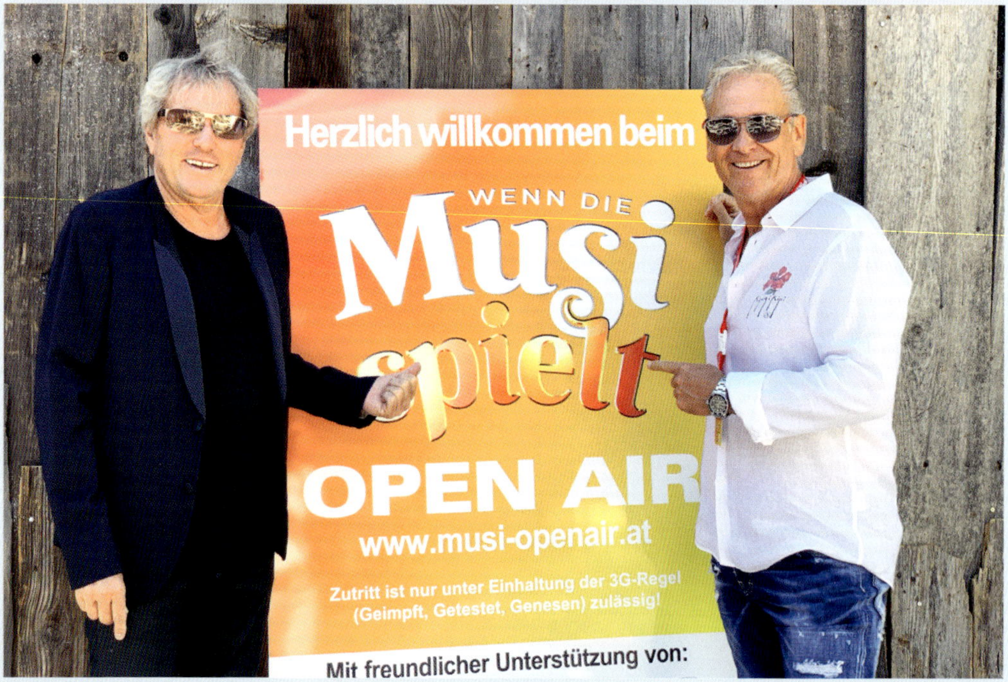

Bernhard Brink ist mir seit Anfang der neunziger Jahre ein hochgeschätzter Wegbegleiter.

Hände hoch, ich fliege

Auch mit Bernhard Brink habe ich so einige Sachen erlebt, einmal jedoch eine für mich richtig peinliche. Dazu muss ich eine kleine Vorgeschichte erzählen.

Damals, kurz nach der Wende, als wir viel unterwegs waren, habe ich mir – ich kann es heut kaum noch glauben – doch tatsächlich eine Gaspistole gekauft. Einfach aus dem Gefühl heraus, in diesen scheinbar unsicheren Zeiten etwas »sicherer« zu sein. Man musste sich ja an völlig neue Dinge gewöhnen. Auf einmal wurden die Gagen nicht mehr überwiesen, sondern oft bar ausgezahlt, und man kam in die Situation, nach mehreren Veranstaltungen am Wochenende mit einer Menge Bargeld unterwegs zu sein. In den einschlägigen und »BILDenden« Zeitungen las man immer öfter von Halsabschneidern und Verbrechern, die nur darauf lauerten, einen zu beklauen und auszurauben. So was waren wir nicht gewohnt. Also bin ich am Rande einer TV-Aufzeichnung in München in einen Laden und habe mir so ein Ding besorgt. Ich verstaute die Pistole unten in meinem kleinen Handkoffer, und so wurde sie auf allen Reisen mein Begleiter. Ganz unter dem Motto: Man weiß ja nie, was passiert. Könnte ja sein, du bist auf der Autobahn unterwegs, musst mal pullern, kommst zurück, und dann überfällt dich jemand. Dann kannst du dich wenigsten verteidigen.

So waren meine Gedanken damals. Ich gebe zu: Ziemlich naiv, aber ich fühlte mich mit der Gaspistole sicherer.

Der Teufel wollte es, dass ich Monate später zu Musikaufnahmen für die beliebte ARD-Sendung »Fröhlich eingeSchenkt« mit Heinz Schenk als Gastgeber eingeladen war. Seine Samstagabend-Shows waren sehr aufwändig inszeniert, mit großem Orchester und allem Pipapo. Für diese Sendungen wurden extra Medleys arrangiert, bei denen alle Mitwirkenden einen größeren Part zu übernehmen hatten. In diesem Fall Bernhard Brink, Erik Silvester, Hein Simons und ich. Man bekam im Vorfeld die Noten zugeschickt und flog dann für einen Tag zum Einsingen nach Frankfurt am Main und wieder zurück. Bernhard rief mich an: »Olaf, holst du mich ab, und wir fahren zusammen nach Tegel zum Flughafen? Ich habe von der Lufthansa so eine Senator-Lounge-Karte. Da gehen wir schön in die Lounge, machen es uns gemütlich, und dann fliegen wir entspannt nach Frankfurt und lassen uns dort abholen.«

Gesagt, getan. Beim Packen dachte ich noch so bei mir: Ach, nur für die Produktion des Medleys brauchst du wirklich keinen großen Koffer. Nimmst einfach nur den kleinen Handkoffer, die Noten und bisschen Krimskrams. Was man so benötigt für einen Tag. Ich also mit meinem Handkoffer los,

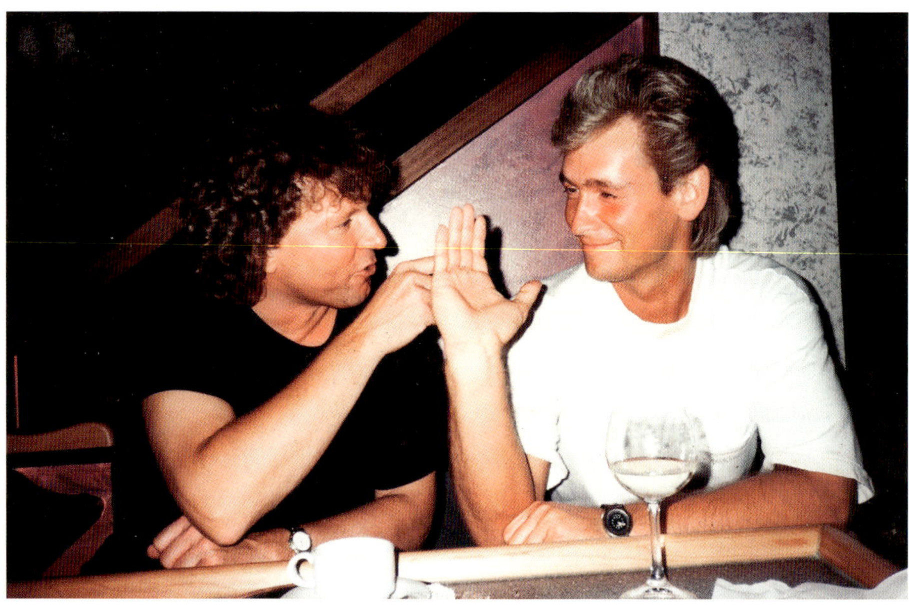

»Olaf, denk an meine Worte ...«: Anfang der 1990er Jahre mit Bernhard Brink

Bernhard abgeholt und dann schön in die Lounge am Flughafen gesetzt. Wunderbar. Das erste Mal in der Lufthansa Lounge. So etwas kannte ich überhaupt nicht, dass man da einfach sitzen kann, bis der Flieger tatsächlich so weit ist, und Käffchen und Weinchen dabei schlürft. Der Sachse in mir hätte dazu gesagt: »Es war so ä bissl wie im Westen.«

Es war wirklich gemütlich. Bernhard erzählte, führte mich ein wenig in die große weite Welt ein, und ich erfuhr, wie es eigentlich so läuft. »Brinki« kannte sich gut aus. Ich erinnere mich noch, wie er ein paar Wochen vorher zu mir sagte: »Olaf, denk an meine Worte: Eine Mark sind nur fünfzig Pfennige! Das vergessen manche unserer Kollegen leider. Ich sag dir, einige sind an mir nach oben vorbeigezogen – aber jede Menge auch wieder zurück nach unten.«

Wie recht er doch hatte.

Irgendwann hörten wir dann den ersten Aufruf für unsere Maschine. Bernhard bedeutete mir, sitzen zu bleiben. »Ganz ruhig, mein Kleener.«

Der zweite Aufruf kam, und Bernhard wieder: »Olaf, bleib sitzen. Da kann sich immer noch was nach hinten schieben, die fliegen nicht ohne uns.«

Dann tönte es auf einmal: »Herr Brink, Sie und Ihr Gast, der Flieger wartet schon auf Sie.«

Okay, gut. Jetzt aber schnell. Wir zum Abflug-Gate, zack, natürlich mussten wir noch durch die Sicherheitskontrolle. Bernhard legte seine Tasche zum Durchleuchten aufs Band, wurde durchgelassen und wollte gleich weiter zum Flieger. Direkt nach ihm stellte auch ich meinen Koffer zur Kontrolle hin. Plötzlich blieb das Laufband stehen, und es gab einen höllischen Alarm. Es trötet von allen Seiten.

Die Dame von der Abfertigung fragt mich: »Ist das Ihr Koffer?«

Ich sagte nur: »Ja.«

Und sie: »Da is' 'ne Waffe drin.«

In dem Moment kamen schon zwei Beamte mit Maschinengewehren angerannt und stellten sich vor mir auf. »Brinki« rief fragend: »Was ist dort drin?«

Und ich: »Ach, Bernhard, meine Gaspistole. Das ist doch bloß ’ne Gaspistole.«

»Brinki« schüttelt nur mit dem Kopf: »O Mann, o Mann!«

Die Beamten machten den Koffer auf, und da lag meine Pistole. Die sah aus wie eine echte. Ich war so aufgeregt in dieser Situation und hörte mich immer wieder sagen: »Das ist nur eine Gaspistole.«

Plötzlich sagte der eine: »Bitte entsichern Sie die Waffe und nehmen das Magazin raus.«

Ich dachte bei mir: Ich weiß doch gar nicht, wie das geht.

Dann hörte ich schon wieder: »Nehmen Sie bitte die Waffe in die Hand und entsichern Sie sie.«

Ich war so verunsichert. Die zwei mit den Maschinenpistolen wollten die Waffe auch nicht in die Hand nehmen, also habe ich sie schließlich doch aus der Tasche genommen und das Magazin rausfallen lassen. Wir schauten uns an, und ich fragte: »Und nu?«

Die beiden Beamten nahmen ihre Maschinenpistolen nach unten, und einer sagte: »Sie können jetzt die Waffe aufgeben, mit dem Gepäck, nicht im Handgepäck!«

Ich staunte nicht schlecht und fragte: »Ich kann die Waffe mitnehmen, aber als Koffergepäck? Nee, das schaffe ich jetzt nicht mehr, der Flieger ist doch schon startbereit.« Ich war fix und fertig.

Daraufhin der Beamte: »Na, dann müssen Sie die Waffe hier hinterlegen. Weil, wir können sie Ihnen jetzt nicht wegnehmen. Es ist nicht verboten, so eine Waffe mitzuführen.«

Sie boten mir also an, die Pistole einzulagern, bis ich wieder zurück wäre, oder sie nach Frankfurt zu schicken, wo ich sie abholen könnte. Ich habe nur schnell zu Ersterem ja gesagt und bin mit Bernhard zu unserem Flieger gerannt. »Brinki« hat mich den ganzen Flug lang ungläubig angeschaut und mit dem Kopf geschüttelt.

Meine Gaspistole aber habe ich mir nie wiedergeholt.

Fünfundsiebzigtausend Pfeifen

Jack White, selbst ehemaliger Fußballspieler, hatte eine Idee – und es war eine gute Idee. Er wollte 1995 eine offizielle Hymne für den DFB-Pokal schreiben. Ich, als ebenfalls leidenschaftlicher Fußballer und Fan, war sofort Feuer und Flamme. Der Text des Refrains lag förmlich auf der Straße: »Berlin, Berlin, wir fahren nach Berlin«. Dieser Schlachtruf tönt bis heute in allen Stadien, wenn eine Mannschaft ein Pokalspiel gewonnen hat. Denn das Finale des DFB-Pokals findet schon seit Jahrzehnten im Olympiastadion in Berlin statt und ist immer eine große Nummer.

Jack nutzte seine guten Kontakte zum DFB, und »der Ball kam ins Rollen«. Ich war im siebten Himmel und als dann die DFB-Maschinerie zu arbeiten begann, merkte ich zum ersten Mal, dass Geld hier scheinbar überhaupt keine Rolle spielt: Ich wurde nach Wiesbaden zur Auslosung der nächsten Pokalrunde eingeladen, flog feinste Klasse mit Lufthansa, wurde abgeholt und schlief im besten Hotel der Stadt. Am nächsten Tag stellte ich auf der Pressekonferenz meine CD vor, und ringsherum gab es ein Riesenspektakel. Es war gigantisch, und ich traf meine Fußball-Heros. Doch alles sollte noch größer werden.

Der DFB unter seinem damaligen Präsidenten Wolfgang Niersbach entschied, dass ich das Lied bei einem der nächsten Nationalmannschaftsspiele im Olympiastadion präsentieren soll. Ich konnte es kaum glauben: Klein Oli vor fünfundsiebzigtausend Zuschauern im Stadion. Das war ein Traum – und dieser Traum wurde Wirklichkeit.

Am 15. November 1995 spielte die deutsche Nationalmannschaft im Rahmen der Europameisterschaftsqualifikation in Berlin gegen Bulgarien. Berti

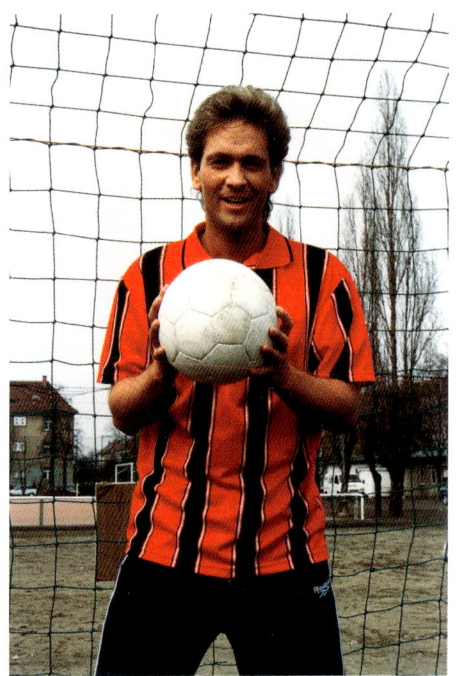

Für ein Fotoshooting im April 1996 stehe ich *im* Tor, obwohl ich in meiner Jugend lieber selbst *aufs* Tor schoss.

Vogts war damals Bundestrainer. Dieser Tag sollte etwas ganz Großes in meiner Karriere werden.

Als wir zum Stadion kamen, waren wir guter Dinge. Happy organisierte noch kurzfristig ein Live-Telefon-Interview mit dem legendären Sportreporter Gert »Zimmi« Zimmermann, dem ehemaligen Stadionsprecher von Dynamo Dresden und langjährigen Sportchef des MDR Radio Sachsen. Ich ließ die Dresdner Hörer teilhaben an meiner Vorfreude und schwärmte von der überwältigenden Atmosphäre im Stadion.

Mein »Muffensausen« versuchte ich herunterzuspielen. Es meldete sich aber verstärkt, als ich den Stadionsprecher hörte. Seine Worte kamen zeitversetzt durch die Lautsprecher beim Publikum an, und ich dachte: Ach, du liebe Zeit, wie soll das nur klingen. Ein Soundcheck war nämlich nicht vorgesehen. Nun gut, es wird schon alles werden.

Ausgemacht war, dass ich in der Halbzeitpause im Anstoßkreis, also mitten auf dem Fußballfeld, meine Hymne singe. Eines wollte ich auf jeden Fall: Diesen Auftritt genießen. Aber es kam wie immer anders als gedacht.

Um das, was dann passierte, verstehen zu können, muss ich noch etwas weiter ausholen. Das Olympiastadion ist die Heimstätte von Hertha BSC. Der 1892 gegründete Arbeiterverein pflegt eine gewisse Aversion zum ebenfalls in Berlin beheimateten Fußballclub Tennis Borussia (TeBe). Der galt für sie damals lediglich als »Geld-Club«, der nur durch die Investitionen seines Präsidenten bestehen konnte. Und jetzt kommt's: Der Präsident von TeBe war Jack White. Bis Mitte der siebziger Jahre hatte er selbst als Mittelfeldspieler für Tennis Borussia auf dem Platz gestanden.

Ich ging also auf meine Position, und der Stadionsprecher sagte meinen Song an. Er ließ es sich dabei nicht nehmen zu erwähnen, dass der Titel von Jack White … Weiter kam er nicht. Denn an dieser Stelle begann ein großes Grummeln und Pfeifen im Stadion und schaukelte sich langsam hoch. Die Musik setze ein, und ich sang, was das Zeug hält – als ginge es um mein Leben. Als das Lied zu Ende war, hörte ich nur noch: »Buuuhhh!« Kein Applaus, nix, nur: »Buuuhhh!« Ich hatte das Gefühl, von fünfundsiebzigtausend Fußballfans ausgepfiffen zu werden.

Ich stand in diesem riesigen Stadionrund und dachte mir: Passiert das jetzt wirklich? Ich ging dennoch mit erhobenem Haupt und selbstbewusst in die Kabine, habe versucht, mir nichts anmerken zu lassen. Aber in Wahrheit war mir einfach nur zum Heulen zumute. Auf diese Erfahrung hätte ich gut und gerne verzichten können. Ich habe mir meinen Auftritt später im Fernsehen angeschaut und empfand es dann nicht mehr als ganz so schlimm. Man sah mich nur im Hintergrund, wo ich »wie ein Weltmeister« das Lied performte. Mein großer Mantel wehte um mich herum. Die Pfiffe hatten die Redakteure freundlicherweise nach unten gepegelt. Sie waren mir gnädig.

Heftig war es dennoch für mich. Um so etwas wegzustecken, musst du wirklich stark sein. Aber stark sein, das konnte ich. Genau wie die deutsche Nationalmannschaft, die das Spiel gegen Bulgarien drei zu eins gewann. Ich gebe zu, es war nur ein schwacher Trost!

Noch mal Schweine – Happy Together III

Es war am 11. August 1998. Schlappe siebenhundert Kilometer lagen vor uns. Ich hatte eine Show in Jülich gespielt, nicht weit entfernt von der niederländischen Grenze. Am nächsten Vormittag sollte ich in Gebelzig spielen, in der Oberlausitz. Deshalb wollten wir die Nacht durchfahren und bei Happy in Schirgiswalde noch einen kleinen Erfrischungsstopp machen, bevor es um elf Uhr wieder auf die Bühne ging.

Dieses Reisen, dieses Kilometerfressen, ständig irgendwo anders sein, das war anstrengend, aber einfach unser Leben. Ich hatte leider das Problem, dass ich nicht gut schlafen konnte. In fremden Betten, in Hotels, mochte es noch klappen, aber im Auto ging es gar nicht. Deshalb hatte Happy sich etwas ausgedacht. Um mir eine Mütze Schlaf zu garantieren, baute er sämtliche Sitze des Pontiacs aus und präsentierte mir ganz stolz eine Liegefläche samt Matratze. Dort sollte ich schlafen, und Happy wollte die Nacht durchfahren. Ich stand der Sache etwas skeptisch gegenüber, trotzdem fuhren wir an jenem 11. August so gegen halb eins in der Nacht von Jülich ab.

Wir wählten die Route über das Hermsdorfer Kreuz. Da ich wusste, dass ich am nächsten Morgen fit sein muss, bin ich irgendwann während der Fahrt, nicht ganz straßenverkehrsordnungsgerecht, nach hinten gekrabbelt und überlegte mir dabei, wie ich mich hinlege. Mit dem Kopf nach vorn oder nach hinten? Ich entschied mich für die Variante »Kopf nach hinten, Füße zur Front«. Ich zog meine Schuhe aus, legte mich auf die Matratze, und in meinem Kopf schwirrte plötzlich ein eigenwilliger Gedanke: Wer weiß, ob du überhaupt wieder aufwachst. Irre, aber so war es wirklich. Dabei waren Happy und ich bereits Tausende Kilometer zusammen gefahren, nie war etwas passiert. Aber in diesem Augenblick, als ich mich hinlegte und meine Augen schloss, quasi nur einen halben Meter über der Autobahn, bei einhundertsechzig Kilometern pro Stunde und fast schon im Halbschlaf, dachte ich bei mir: Wenn du hier einschläfst, kommst du vielleicht nie wieder zur Besinnung …

Im nächsten Moment gab es einen Ruck, unser Auto überschlug sich, und ich hörte Happy schreien: »Schweine! Schweine!«

Es krachte und wirbelte mich umher, aber irgendwann kamen wir im Straßengraben zum Stehen. Ich spürte einen brennenden Schmerz in meinem Fuß, der unter dem Vordersitz klemmte. Das Auto hatte einen Totalschaden, doch wir hatten Glück im Unglück: Happy war völlig unversehrt, aber ich hatte mir den Mittelfußknochen gebrochen. Wenn ich meine Schuhe zum Schlafen nicht ausgezogen hätte, wäre mir wahrscheinlich gar nichts passiert.

Wir lagen nun also bei Ronneburg in der Nähe von Gera neben der Autobahn im Straßengraben. Es war stockdunkel. Der Rettungswagen kam relativ schnell, und der Arzt hatte nichts Besseres zu tun, als herumzulaufen und ständig zu fragen: »Wo sind denn nun die Schweine?« Da platze mir die Hutschnur und ich rief: »Hallo, *ich* blute wie ein Schwein!« Daraufhin kümmerte er sich endlich um mich. Später wurde uns erzählt, dass tatsächlich eine große Wildschweinrotte mit zwölf Schweinen die Autobahn gequert hatte. Vier davon lagen nach unserer Kollision tot auf der Straße.

Mich hat der Rettungswagen ins Krankenhaus gefahren, wo ich umgehend operiert und mein Fuß anschließend eingegipst wurde. Happy organisierte in der Zwischenzeit einen Mietwagen. Per Unterschrift entließ ich mich selbst aus dem Krankenhaus, übernahm die volle Verantwortung, und schon ging es weiter Richtung Heimat. Pünktlich um elf Uhr stand ich in Gebelzig auf der Bühne – mit Gipsbein und Krücken.

Wir ließen keine einzige Mugge aufgrund meines kaputten Fußes ausfallen und haben alle Veranstaltungen durchgezogen. Sogar einen Fernsehauftritt bei Dieter Thomas Heck. Dazu muss ich sagen: Der Dieter war wirklich ein Künstlerfreund. Wenn er dich einmal ins Herz geschlossen hatte, dann bliebst du auch drin. Schon bei der »Goldenen Stimmgabel« hatte ich das Gefühl, dass er mir sehr gewogen ist. Ein bisschen Bammel hatte ich trotzdem, als ich humpelnd zur Aufzeichnung kam. Aber er ließ mich auftreten, mit Gipsbein und Krücken. Das hätte er weiß Gott nicht tun müssen.

Zwei Monate später war ich wieder zu Dieter Thomas Heck eingeladen, in die Sendung »Musik liegt in der Luft«. Vorher absolvierten wir eine Veranstaltung weit vom Aufzeichnungsort in Mannheim entfernt, an der Ostsee. »Was soll's, wir schaffen das«, sagte Happy! Doch während meines Auftritts bekam ich von einem Fan einen Blumenstrauß in die Hand gedrückt. Ich fasste zu und, zack, irgendetwas stach mich in die Hand. Eine Biene oder Wespe. Die dachte sich wahrscheinlich: Verteidigung ist alles.

Binnen kürzester Zeit schwoll meine Hand zu einer Riesenpranke an. Da half auch die Zwiebel nicht, die ich mir auf den Stich drückte. Ich bekam eine allergische Reaktion vom Feinsten. Während der Fahrt schwoll die Pranke immer weiter an. Angekommen bei der Sendung, wollte mich Dieter begrüßen. Und ich so: »Dieter, ich kann dir leider nicht die Hand geben.«

Darauf »Hecki«: »Olaf, was hast du denn nun schon wieder gemacht?«

Das war eine urkomische Situation, aber trotzdem ein bisschen peinlich für mich. Jedes Mal kam ich mit einer neuen Blessur zu Dieter Thomas Heck. Die Probe habe ich dann so gut als möglich absolviert, das Mikro in die andere Hand genommen und versucht, die Pranke zu verstecken. Bis zum Auftritt war die Schwellung dann zum Glück abgeklungen.

Wir haben uns wirklich gut mit Dieter Thomas Heck verstanden und hatten schöne Erlebnisse. Auch und gerade im Zusammenspiel mit Happy, weil Dieter ebenfalls ein Gelegenheitsraucher war. Er war vor seinen Auftritten sehr aufgeregt und genehmigte sich als Ritual nicht nur einen kleinen Nordhäuser Doppelkorn, sondern ab und zu einen Glimmstängel. Und so stand er dann mit Happy in der Raucherecke. Auf kurzem Wege wurden dort in vier Minuten Absprachen getroffen, für die man über offizielle Kanäle manchmal Wochen und Monate brauchte. Rauchen verbindet. Ja, ich weiß, das ist heute nicht politisch korrekt, aber es ist die Wahrheit.

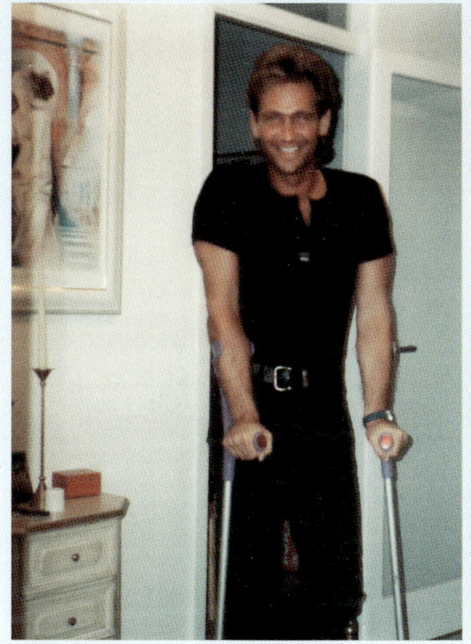

Mit Gipsbein und Krücken …

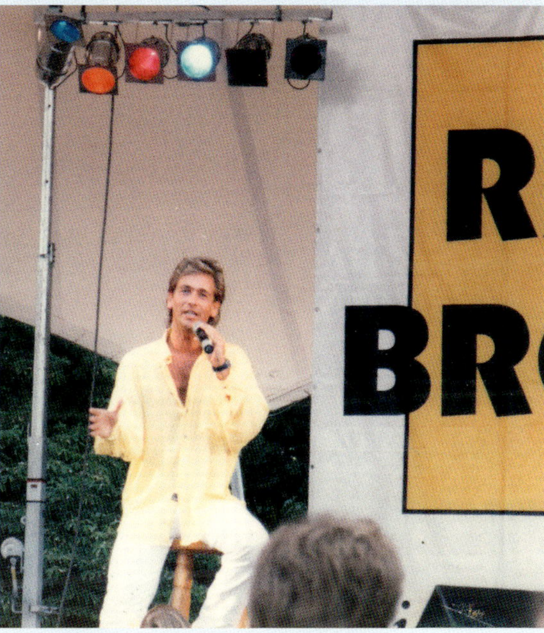

… aber ich liefere ab.

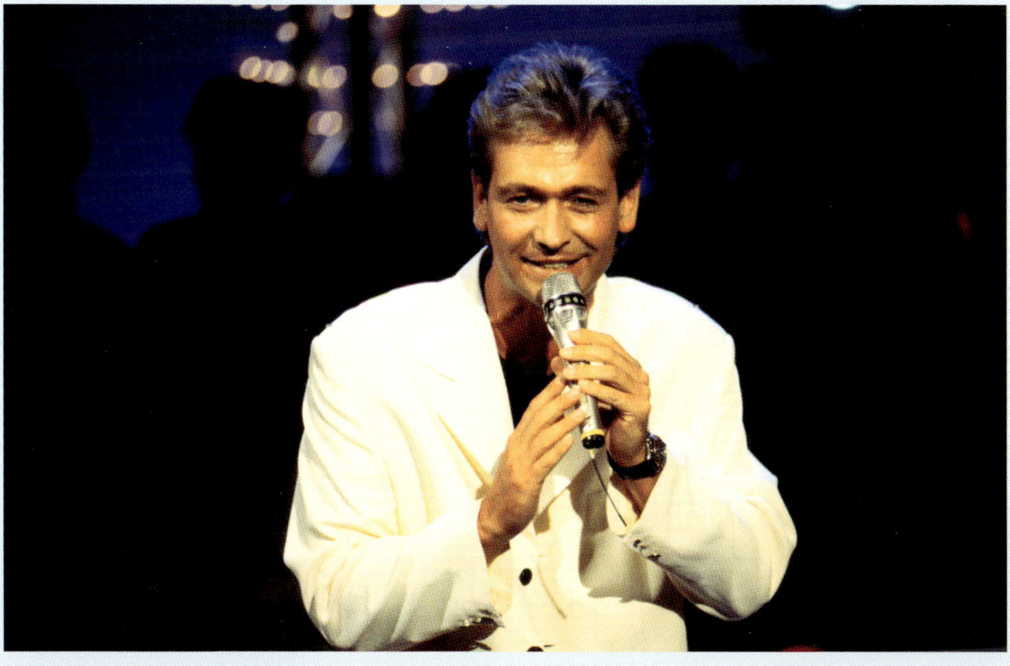

Im Oktober 1998 bei »Musik liegt in der Luft«

Wie mich Dieter Thomas Heck zum Glück zwang

Die »Deutschen Schlager-Festspiele« waren ein Titelwettbewerb. Texter und Komponisten waren angehalten, Lieder dafür einzureichen. Eine Jury wählte dann aus den zahlreichen Vorschlägen zwölf Lieder aus. Erst danach suchte man sich die jeweils passenden Interpreten.

1999 bekam ich von Jack White die Mitteilung, dass Dieter Thomas Heck mir unbedingt einen Titel vorspielen wolle. Ich sagte Jack, dass Dieter mir den Titel bitte zuschicken möge. Ich war nie ein Freund davon, mir Lieder direkt und persönlich mit einem Gegenüber anzuhören. Man trifft dabei allzu oft auf eine Erwartungshaltung, die man nicht erfüllen kann. Also: »Bitte zuschicken. Ich höre es mir lieber alleine an.«

Nach einer Weile rief Jack wieder an: »Olaf, wann bist du denn in Berlin? Der Dieter will dich unbedingt persönlich sprechen.«

Ich wiegelte wieder ab und beteuerte, dass es zurzeit »gaaaaanz schlecht« passe. Er solle mir den Titel bitte lieber schicken. Doch Dieter ließ nicht locker. Er hatte mitbekommen, dass ich bei einer Fernsehaufzeichnung in Berlin weilte. Zur gleichen Zeit war auch er in der Hauptstadt, und so hatte er mich in der Zange. Wir trafen uns im *Schweizerhof*, zu dem ich mit Happy in meinem Mercedes Coupé fuhr. Das Auto hatte nur zwei Türen und hinten eine »Notbank«. Wir trafen uns im Foyer, und Dieter wedelte schon aus der Ferne mit der CD herum. Ich versuchte es ein letztes Mal und fragte ihn, ob er sie mir nicht einfach mitgeben könne. »Nein, wir hören uns das Lied sofort an!«

Ich dachte schon: Glücklicherweise hat niemand einen portablen CD-Player dabei, doch Dieter reagierte sofort. »Olaf, du hast doch sicherlich einen CD-Player in deinem Auto.«

Ich stammelte: »Ja«, gab aber zu bedenken, dass wir wahrscheinlich alle drei gar nicht ins Auto hineinpassen.

»Hecki« winkte ab und stapfte schnurstracks zu meiner Karre. Er quälte sich sofort freiwillig hinten auf die Rückbank, nicht ohne dabei vor sich hin zu grummeln: »Wie kann man sich nur so ein schönes Auto kaufen, und dann hat man nur zwei Türen?«

Happy und ich saßen vorn. Tür zu! Ich schob die CD rein und sah im Rückspiegel, wie mich Dieter von hinten fixierte. Wie die Schlange das Kaninchen. Ich dachte: Na, das kann ja was werden.

Was das Lied anging, hatte ich überhaupt keine Erwartungen. Der Song begann: sehr konservatives Vorspiel. Ich dachte nur: Ach Gott. Dann aber entwickelte sich die Nummer richtig gut, und als sie zu Ende war, nuschelte ich so vor mich hin: »Eigentlich nicht schlecht.«

Da kam von der Rückbank ein Feuerwerk angebrüllt: »Was hast du gesagt? Nicht schlecht? Sag mal! DAS IST EIN HIT!!!!!«

Ich drehte mich sofort zu Dieter um und versuchte zu beschwichtigen: »Dieter, wenn ich sage: ›Nicht schlecht‹, dann ist das für mich gut.«

Dieter rief daraufhin mit seiner lauten Stimme: »Na also! Von wegen nicht schlecht! Das ist ein Hit!!!!! Komm Happy, wir rauchen erst mal eine, nach der ganzen Aufregung.«

Ich war erleichtert, weil ich wusste: Ich werde das Lied singen und beim Festival teilnehmen. Das war eine große Chance für mich. Und tatsächlich: Es war ein richtig schöner Titel. Er hieß: »Schenk mir deine Träume«.

Die »Deutschen Schlager-Festspiele« fanden im Mai in der Oberschwabenhalle in Ravensburg statt und wurden live in der ARD übertragen. Es waren übrigens die letzten ihrer Art. Ich traf die Kollegen von *Karat* mit ihrer langjährigen Managerin Adelheid Walter. Adele ist übrigens auch so eine Managerin, die, genau wie mein Happy, für ihre Künstler durchs Feuer geht. Seit vielen Jahren schätze ich sie als eine wirklich gute Freundin und ehrliche Beraterin, was in der Branche nicht selbstverständlich ist. Auch Rosanna Rocci, Michael Morgan, Hanne Haller und Andreas Martin waren mit dabei.

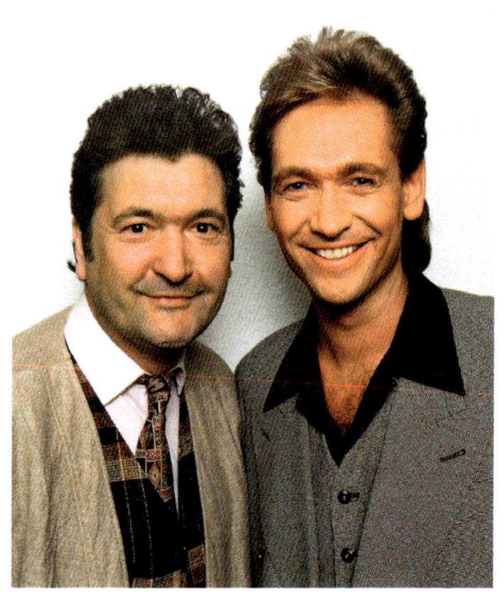

Mit Moderator Lutz Hoff bei der Aufzeichnung der Sendung »Das Frühlingsfest der Volksmusik«, Juni 1996 in Cottbus

Falsch gedacht! Kurz darauf kam der Unterhaltungschef Udo Foth auf mich zu und schlug mir vor, es im Gespann mit Uwe Klosterknecht als Autor und Matthias Edlich als Regisseur noch einmal zu probieren. Matthias kannte ich ja schon, seit er als junger Kameramann beim »Sprungbrett« meine Schuhsohlen verschönte. Diese beiden guten Menschen begleiteten mich dann fast zwei Jahrzehnte lang bei meiner »zweiten Karriere«, nahmen mir Ängste und bestärkten mich. Wir erlebten zusammen wunderbare Zeiten. Danke an euch!

Ich sollte jedenfalls eine Sendung namens »Die Schlager des Winters« präsentieren, verantwortlicher Redakteur war wieder Uwe Nagel. Wir drehten in Oberwiesenthal. Meine Aufgabe bestand darin, meine Schlagerkollegen vorzustellen und mich ein wenig in der Region umzusehen. Das war eher mein Ding: mit Menschen vor Ort ins Gespräch zu kommen und etwas über Land und Leute zu präsentieren. Das tat ich, ehrlich gesagt, viel lieber, als die Höhe eines Berges in genauer Meterzahl, die Anzahl der Stufen eines Turmes oder die Ersterwähnung eines Dorfes auswendig zu lernen.

Die Sendung war für mich der Startschuss für neue Wege und Reisen. Nicht als Moderator, sondern als Präsentator. Dafür bin ich meinem Heimatsender MDR unheimlich dankbar. Auch dafür, dass in späteren Zeiten viele Sendungen auf mich zugeschnitten wurden.

So richtig startete ich dann in der sogenannten Sommerbespielung durch. Von 2004 bis 2008 war ich im Sommer an jedem Samstag um 19.50 Uhr für den MDR auf Reisen. Das hat unwahrscheinlich viel Spaß gemacht. Die erste Sendereihe hieß »Eine Busfahrt die ist lustig«. Man ließ mich in einen Reisebus einsteigen, und ich fuhr mit den Leuten drei oder vier Tage nach Prag, nach Wien, in den Schwarzwald oder sonst wo hin. Wir wollten mit den Reisenden ins Gespräch kommen und erfahren, warum sie sich auf den Weg gemacht haben und was ihnen auf Reisen besonders gut gefällt. Wir hatten ein kleines Kamerateam dabei und einen Autor, der mir mit Ideen und Fragen unter die Arme griff und das nötige Feeling für die Situation besaß. Jede Sendung dauerte nur fünfundzwanzig Minuten, aber der Aufwand dafür war immens. Als Belohnung erreichten wir unglaublich gute Quoten. Den Zuschauern gefiel es, und ich werde noch heute darauf angesprochen, wann ich denn wieder mit dem Bus auf Reisen gehe.

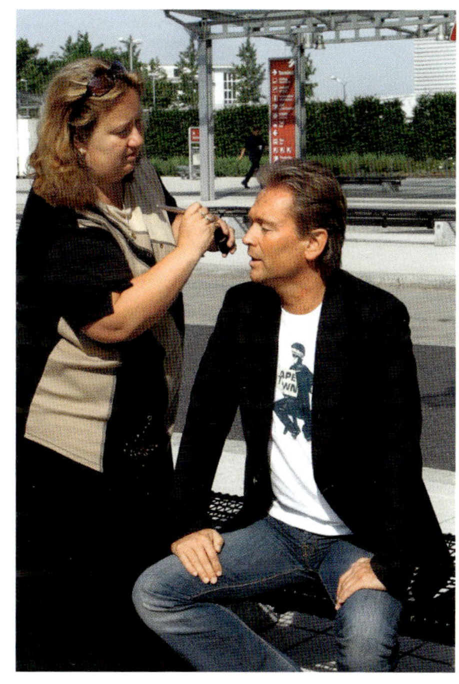

Ich werde für die Fernsehkamera »verschönert«: Drehpause bei der MDR-Sendung »Wohin du auch gehst« zu meinem zwanzigjährigen Bühnenjubiläum 2005.

In den folgenden Sommern drehten wir »Warum denn in die Ferne schweifen«, »Olaf macht das schon«, »Olaf Berger: Allein gegen alle« und »Mit Olaf zum ...«. Viele warteten natürlich darauf: Wann singt er denn endlich? Aber gesungen habe ich höchstens mal unterwegs im Bus, wenn die Kamera aus war. Und das auch nicht immer freiwillig. Ich erinnere mich, dass wir auf einem Campingplatz ankamen. Der Betreiber wusste natürlich von unserem Dreh. Als wir ausstiegen, staunte ich nicht schlecht, da hing ein Plakat: »Heute, 19.00 Uhr, singt Olaf Berger«. Ich habe dann zu meinem Autor Camilo Rodriguez gesagt: »Kannst du dich bitte mal drum kümmern! Das fällt aus. Ich singe doch hier nicht auf dem Campingplatz.«

Camilo wiegelte ab und sagte mir, dass an diesem Tag das Neptunfest stattfindet. Er gestand mir allerdings, dass er im Vorgespräch mit dem Betreiber schon angedeutet hatte, dass man das mit dem Singen sicherlich, eventuell, wahrscheinlich, möglicherweise … eben schon irgendwie hinkriegen würde. Na ja, lange Rede kurzer Sinn: Ich habe dann doch etwas zum Besten gegeben. Kneifen ist nicht so meins.

Wir waren wirklich sehr erfolgreich, so dass ich auch mal einen »Langen Samstag«, Weihnachtssendungen und andere interessante Sendeformate präsentieren durfte. Das Schöne war, dass ich oft mit festen Teams wie mit Uwe und Matthias arbeiten konnte. Darüber hinaus war es spannend für mich, die verschiedensten Autoren kennenzulernen: Caesar Langnickel, Susanne Köpcke und viele andere. Autoren sind ja ein ganz besonderer Schlag. Ich finde schon, viele von ihnen sind ganz »spezielle« Leute. Jeder hat so seinen Spleen, auf den man sich erst einmal einstellen muss. Sie wiederum müssen sich auf mich einstellen, müssen mir die richtigen Worte in den Mund legen. Ich bin in all den Jahren eigentlich mit allen super klargekommen.

Apropos Schlag. Da fällt mir noch eine ganz besondere Episode ein: Wir waren mal wieder für die »Sommerbespielung« unterwegs und besuchten das Feuerwerkspektakel »Rhein in Flammen«. Wir fuhren mit den Reisegästen und unserem kleinen Fernsehteam hin und hatten einen neuen Autor dabei. Ein guter Typ. Wir drehten auf einem Schiff, und alles war wie immer. Manche Gäste wollten nicht vor die Kamera, manche gaben Interviews, baten aber danach: »Bitte nicht senden.« Natürlich gab es auch immer wieder ein paar Stänkerer, die sagten: »Was will denn der MDR hier?«

An Bord stieg während der Fahrt also nicht nur die Laune der Leute, sondern gleichsam auch der Alkoholpegel. Und plötzlich hatten wir so einen unangenehmen Typen an der Backe. Immer wenn ich etwas erzählen wollte und die Kamera lief, quakte er dazwischen und stänkerte. Er nervte. Die Kamera lief, ich wollte etwas sagen, er stellt sich provokativ mit ins Bild. Da nahm ihn unser neuer Autor ins Visier und guckte ihn strafend an. Nun stellte sich der Stänkerfritze erst recht in Pose und wollte sich mit unserem Autor prügeln. Keine zwei Sekunden später lag er »auf der Matte«. Unser Autor hatte ihm kurzerhand einen derartigen Kinnhaken verpasst, dass der Typ auf der Stelle umflog, wie ein Brett. Die anderen Gäste zogen ihn weg, und wir schauten verdattert zum Autor. Was wir alle nicht wussten: Er hatte in seiner Jugend geboxt. Auf jeden Fall war danach Ruhe an Bord, und wir hatten meine Ansage ganz schnell im Kasten. Der Autor hatte sich unseren vollen Respekt verdient.

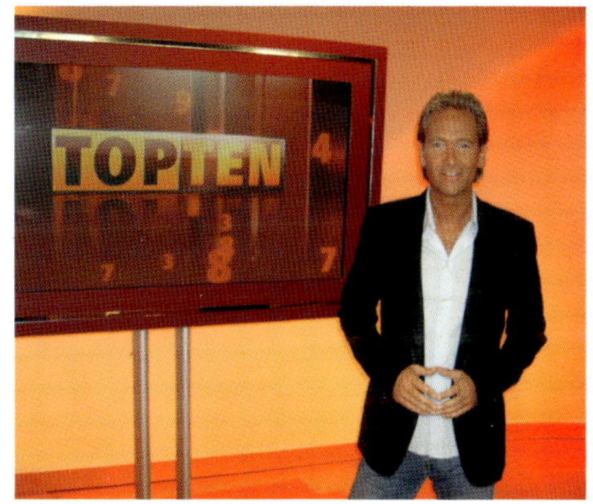

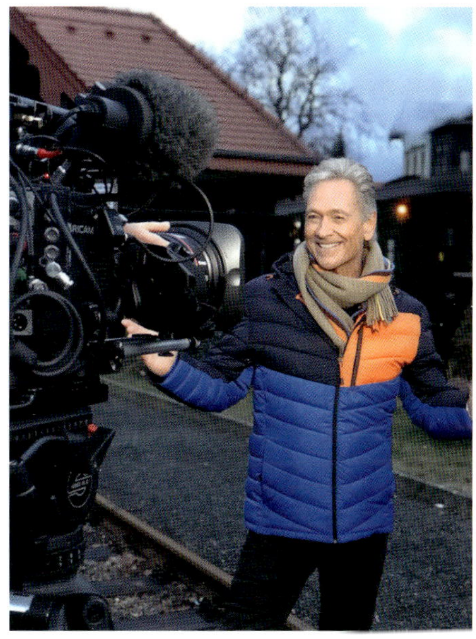

Bei der Aufzeichnung zu »Mit Volldampf und Musik« im Preßnitztal

Ab 2007 war ich dann beim MDR der Mann für die Ranking-Shows. Unsere Sendung hieß »TOP TEN«. Was haben wir damals nicht alles gesucht: die schönsten Berge, die beliebtesten Freibäder, die lustigsten Komiker, die dicksten … nein, das war ein Spaß. Und Spaß hat mir auch diese Sendereihe gemacht.

Ab Januar 2019 ging es dann »Mit Volldampf und Musik« noch einmal richtig los. Fast wie am Anfang: Kollegen ankündigen, Regionen erkunden.

Ich bin gern Gastgeber und froh, wenn ich die Möglichkeit habe, etwas zu präsentieren, das möglichst nah an mir dran ist, was meiner Art gerecht wird. Es macht mir Spaß, im Fernsehen und auf der Bühne. Aber so ein *richtiger* Moderator werde ich in meinem Leben nicht mehr.

Oli bleibt bei seinen Leisten.

Du und ich und ein tierischer Gast

Wie wahrscheinlich in jedem musikalischen Elternhaus saugen die Kinder fast zwangsläufig die Musik ganz nebenbei mit der »Muttermilch« auf. So war es auch bei uns und meiner Tochter Maria. Es dudelte von morgens bis abends Musik – ob Radio, Fernsehen oder CD. Wand an Wand mit Marias Kinderzimmer probte ich meine Lieder in meinem Arbeits- und Proberaum, während bei ihr die Hits von den *Backstreet Boys* und *New Kids on the Block* liefen. Für die schwärmte meine Kleine und sang leidenschaftlich mit.

Es war im Jahr 2001. Seit dem Juli des Vorjahres wohnte unsere kleine Familie auf Mallorca. Maria war gerade zwölf Jahre alt, und ich hörte sie wieder einmal in ihrem Kinderzimmer singen. Heimlich lauschte ich an der Tür und dachte so bei mir: Mensch, meine kleine Maus hat ja eine richtig schöne und süße Stimme.

Am nächsten Morgen, im Auto auf dem Weg zur Schule, lief eines ihrer Lieblingslieder im Radio, und sie sang voller Hingabe mit. Spontan fragte ich sie: »Maria, könntest du dir vorstellen, mal zusammen mit mir ein Lied zu singen? So als Papa und Tochter?«

Und sie so: »Mhm, ja, na ja, warum eigentlich nicht.«

Ich fand den Gedanken richtig klasse und sah mich schon gemeinsam mit meinem Töchterchen auf Tournee. Euphorisch berichtete ich Jack White von dieser Idee, und auch er war hellauf begeistert. Wer Jack kennt, der weiß, wenn er für eine Sache brennt, wird nicht lange gefackelt. Im Nu zauberte mein Autorenteam – Heiko Schneider, Norbert Hammerschmidt und Uwe Haselsteiner – den Titel »Du und ich« für uns. Dieses Lied handelt von der besonderen Beziehung zwischen einem Vater und seiner heranwachsenden Tochter und vom Prozess des Loslassens, gepaart mit einer wunderschönen und eingängigen Melodie. Rückblickend kann ich sagen, dass dieser Song mir unglaublich emotionale Momente bescherte und noch heute zu meinen absoluten Lieblingsliedern gehört.

Den ersten gemeinsamen TV-Auftritt hatten wir am 25. Januar 2002 bei Carmen Nebel in »Musik für Sie« bei meinem Heimatsender MDR. Wohlbehütet schlief Maria während dieser Zeit bei Oma und Opa in Dresden. Beide kümmerten sich auch bei den Proben in Riesa liebevoll um sie. Wir wollten die Kleine halt nicht überfordern. Alles lief prima. Auch bei den späteren Fernsehaufzeichnungen auf einem Elbdampfer in Pillnitz und bei »Marianne und Michael« fürs ZDF am Timmendorfer Strand lief alles ganz entspannt. Wir saßen an Deck, im Strandkorb, auf einer Bank, liefen durch den Sand und sangen unser Lied. Alles ganz easy. Maria hat sich sicher und wohlgefühlt und wahrscheinlich so bei sich gedacht: Na, wenn *das* Fernsehen ist, dann kann man das immer wieder mal machen.

Doch dieser Eindruck täuschte. Der nächste Fernsehtermin fand mit unserer zweiten Single statt. Er entwickelte sich ganz anders, und daran hatte ich einen Löwenanteil, was mir bis heute leidtut. Diesmal war es eine große Live-Sendung anlässlich des »Tags der Sachsen« 2004 in Döbeln. Da ich auf Tournee war, rief ich Maria zu Hause an, um mit ihr alles Wichtige zu besprechen: wann und wo wir sie abholen, was sie anziehen soll und so weiter. Maria war guter Dinge. Wahrscheinlich auch in dem Gefühl: Was kann mir schon passieren. Da sitzen wir wieder irgendwo auf einer Bank und singen gemeinsam unser Lied. Aber es sollte ganz anders kommen. Denn das Allerwichtigste hatte ich nicht mit ihr besprochen.

Happy und ich holten Maria gemeinsam vom Flughafen Leipzig ab und fuhren nach Döbeln. Dort war bereits die Hölle los. Massen von Besuchern verstopften die Straßen, es war ein riesiges Tohuwabohu. Es gab nur eine Möglichkeit, in die Nähe der Bühne zu kommen: Wir wurden mit einer Polizeieskorte durch die Menschenmassen geschleust. Vor uns zwei Motor-

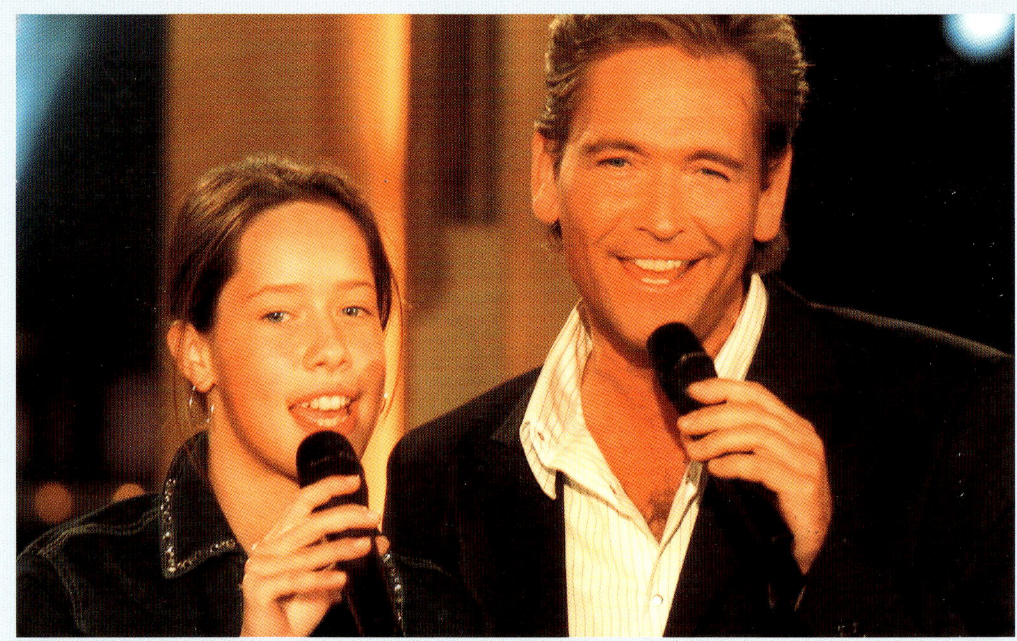

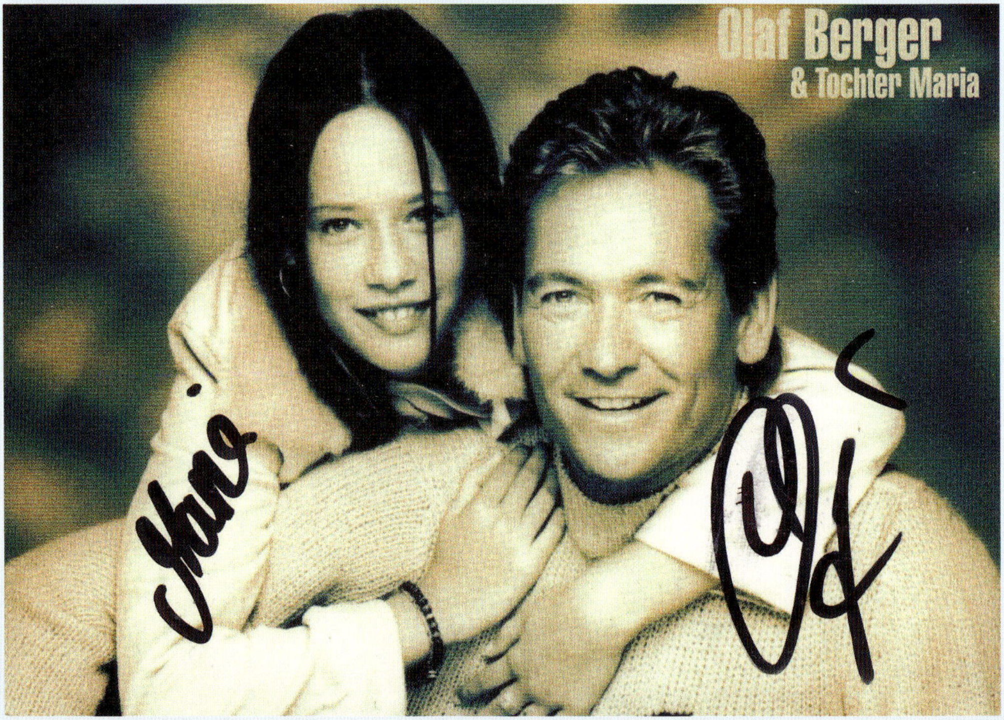

Olaf Berger
& Tochter Maria

Signierte Autogrammkarte von Maria und mir

räder und ein Polizeiauto hinter uns. Maria hat die Welt nicht mehr verstanden und mich mit großen ängstlichen Augen angesehen.

Als wir endlich am Auftrittsort ankamen, standen schon Tausende Menschen vor der Bühne. Mariechen wollte am liebsten gar nicht aus dem Auto steigen, und ich spürte ihre Panik. In dem Moment wurde mir klar, dass ich sie völlig überfordere. Wie konnte ich nur von ihr verlangen, sich bei einer Live-Fernsehsendung vor zehntausend Menschen auf die Bühne zu stellen, zu singen und dann auch noch ein kleines Interview zu geben? Da tat mir meine kleine Maus richtig leid. Ich machte mir schwere Vorwürfe, dass ich sie für so eine Situation nicht richtig vorbereitet hatte und sie einfach ins kalte Wasser schubste.

Wir haben den Auftritt zwar gemeinsam durchgezogen, und sie hat es auf der Bühne wirklich super gemacht, aber im Nachhinein muss ich sagen: »Meine Kleine, das war Wahnsinn, was ich dir abverlangt habe. Sorry, mein Schatz!«

Ich konnte sie sowieso nie dafür begeistern zu sagen: »Du Papa, das ist mein Beruf!« Das war überhaupt nicht ihr Ding. Sie hat zwar hier und da mal eine Live-Veranstaltung mitgemacht, und die Musik ist nach wie vor ihr Hobby, aber am Ende ließ sie mich immer wissen: »Nee, Papa, das auf der Bühne ist irgendwie nicht so meins. Ich stehe lieber hinter der Kamera.«

Ein Grund dafür mag ein Vater-Tochter-Gespräch gewesen sein, das wir nach der Aufzeichnung am Timmendorfer Strand führten. Wie immer musste Maria nach der Aufzeichnung zurück zur Schule nach Mallorca. Wir saßen früh um fünf Uhr auf dem Flughafen in Hamburg, und da fragte sie mich: »Du, sag mal Papa, was haben wir denn jetzt eigentlich verdient?«

Da habe ich sie verdutzt angeschaut und gesagt: »Ähm, verdient, mein Schatz? Wir fliegen jetzt wieder zurück nach Mallorca. Hergeflogen sind wir auch schon. Dann waren wir im Hotel schön essen, und es gab Eis am Strand. Dann haben wir noch hier und da etwas genascht – also, wir haben jetzt summa summarum 120 Euro Miese.«

Da schaute sie mich an und fragte: »Und warum machen wir das dann?«

Ich musste herzlich lachen. »Ja, mein Schatz, recht haste!«

Ich habe versucht, ihr zu erklären, wie wichtig das Fernsehen für uns Künstler ist. Uns sehen viele Leute und auch Veranstalter, die uns dann für Konzerte und Veranstaltungen buchen. So verdiene ich bei Live-Konzerten »unsere Brötchen«. Ihre Begeisterung über meine Erklärung hielt sich in Grenzen, und sie schlief vor Müdigkeit kurz darauf ein.

Eine besonders lustige Geschichte erlebten wir aber noch in Suhl. 2005, im Jahr meines zwanzigjährigen Bühnenjubiläums, waren wir mit unserem zweiten gemeinsamen Duett »Lend a Hand« zur MDR-Fernsehsendung »Schlager des Jahres« eingeladen. Den Song hatten wir in deutscher und englischer Sprache aufgenommen – anlässlich des hundertjährigen Bestehens von Rotary International in deren Auftrag. Ein schöner Erfolg für uns. Die Aufzeichnung fand im *Congress Centrum Suhl* statt. Direkt angrenzend, im *City Hotel*, waren alle Künstler und Gewerke untergebracht. Als Überraschung für uns beide war eine kleine Suite gebucht, mit Wohn- und Schlafzimmer. Wir checkten ein, brachten die Klamotten fix aufs Zimmer und gingen dann gemeinsam mit meinem Plattenboss Eddy Bachinger und ein paar Kollegen zum Italiener essen.

Ziemlich spät, so um halb zwölf, waren wir zurück in unserem Zimmer. Wir lagen im Bett, und auf einmal raschelte es irgendwo an der Decke. Es hörte gar nicht auf zu rascheln. Also schaltete ich das Licht an. Da sahen wir den nächtlichen Schlafstörer. Direkt an der Decke hinter der Gardine hing eine Fledermaus. Während ich noch überlegte, was wir jetzt machen und wie meine Tochter darauf reagieren würde, rief Maria: »Ooooch! Ist die süüüüß!«

Ich dachte, sie würde vor Schreck aus dem Bett springen, aber das ganze Gegenteil war der Fall. Trotzdem stellte sich die Frage, was wir nun mit dem nächtlichen Eindringling machen.

Ich fragte Maria: »Stört die dich?«

»Nö«, antwortete meine Tochter.

Also machte ich einfach das Licht aus. Doch an Schlafen war nicht zu denken, denn nach einer Weile fing es wieder an zu rascheln, und schließlich setzte sich die Fledermaus in Bewegung. Sie flatterte quer durchs Zimmer und über unsere Köpfe hinweg. Wahrscheinlich war sie so aufgeregt wie wir. Ich dachte mir: Bei aller Liebe, du Flattervieh, aber so geht's nicht!

Ich schaltete also erneut das Licht an. Die Fledermaus hing wieder an ihrer alten Stelle. Ich schnappte mir den Mülleimer und fing sie damit nach mehreren vergeblichen Anläufen ein. Den Eimer habe ich ins andere Zimmer geschoben und die Tür geschlossen, denn die Fenster konnte man in den oberen Etagen des Hotels leider nicht öffnen. Die Fledermaus war nun also im anderen Zimmer an einem sicheren Ort. Wir konnten trotzdem die ganze Nacht nicht richtig schlafen. Ein lustiges und zugleich aufregendes Erlebnis.

Am nächsten Morgen ging ich zur Rezeption. Ich war mir nicht sicher, wie die Dame dort reagieren würde, wenn ich erzähle, dass in unserem Zimmer eine Fledermaus ist. Ich also hin: »Entschuldigung, hätten Sie vielleicht ein anderes Zimmer für uns? Sie werden es nicht glauben, aber bei uns im Zimmer ist eine Fledermaus.«

Die Dame schaute mich mit großen Augen an und sagte: »Waaaas? Eine Fledermaus? Herr Berger, das tut mir unheimlich leid. Das darf doch wohl nicht wahr sein. So was hatten wir in unserem Hotel noch nie!«

In diesem Moment schaute von hinten der Hausmeister um die Ecke und sagte: »Was? Ham wir schon wieder 'ne Fledermaus?«

Da war die Dame wohl beim Flunkern erwischt worden. Wir mussten alle schmunzeln. Im Endeffekt wechselten wir unser Zimmer nicht, weil der Hausmeister die Fledermaus freundlicherweise an die frische Luft beförderte. In der nächsten Nacht haben wir prima durchgeschlafen.

Ein Jahr darauf, war ich wieder in Suhl bei den »Schlagern des Jahres«. Beim Frühstück traf ich Hein Simons. Ich frage ihn: »Mensch, Hein, wie geht's dir denn so?«

»Ach, hör auf! Olaf – das war vielleicht 'ne Nacht. Ich habe kein Auge zugemacht. Ich hab 'ne Fledermaus bei mir im Zimmer.«

Seitdem telefoniere ich jedes Mal auf dem Weg nach Suhl mit meiner Tochter und sage: »Rate mal, wo ich heute hinfahre? In unser Fledermaushotel.«

Liebe heilt

2010 feierte ich mein fünfundzwanzigjähriges Bühnenjubiläum. Meine Tochter studierte mittlerweile in Glasgow Psychologie. Alles schien nach außen irgendwie in Butter. Doch im Inneren hatte meine Welt längst Risse bekommen. Die Demenzerkrankung meines Vaters schritt immer weiter voran. Es war schmerzhaft, mitzuerleben, wie er sich Stück für Stück von seinen Lieben und dem Leben entfernte. Ich versuchte, so oft wie möglich in Dresden zu sein. Ich spürte, wie das meiner Mutter Kraft gab und wie mein Vater sich freute, wenn er in seiner gewohnten Umgebung seine Liebsten um sich hatte. Was dabei in seinem Kopf vorging, wusste keiner, aber wir wollten ihm so oft wie möglich das Gefühl geben, für ihn da zu sein.

Es war schön, wenn er trotz seiner Erkrankung das Saxophon ansetzte und die alten Lieder spielte. Für diesen kurzen Moment war die Welt in Dresden wieder in Ordnung. Doch ansonsten drehte sich zu Hause alles nur noch um diese verdammte Krankheit. Die gesamte Familie versuchte, sich stets auf den neusten medizinischen Stand zu bringen. Dazu gehörte die ständige Suche nach Ärzten, Medikamenten und neusten Erkenntnissen. Wir setzten alles in Bewegung, um den Krankheitsprozess zu verlangsamen – ein Kampf, den wir am Ende verlieren mussten, wie wir schmerzlich erfuhren. Viele kennen das womöglich aus ihren eigenen Familien.

Am 30. August 2011 erreichte mich die Nachricht vom Tod meines geliebten Papas. Ich sehe mich noch, in meiner scheinbar (nach außen) heilen Welt, mit Freunden auf der Terrasse meines Hauses auf Mallorca stehen, als der Anruf meiner Mutter kam. Das war ein richtiger »Schlag ins Kontor« für mich. Ich nahm den nächsten Flieger nach Hause, um mich wenigstens

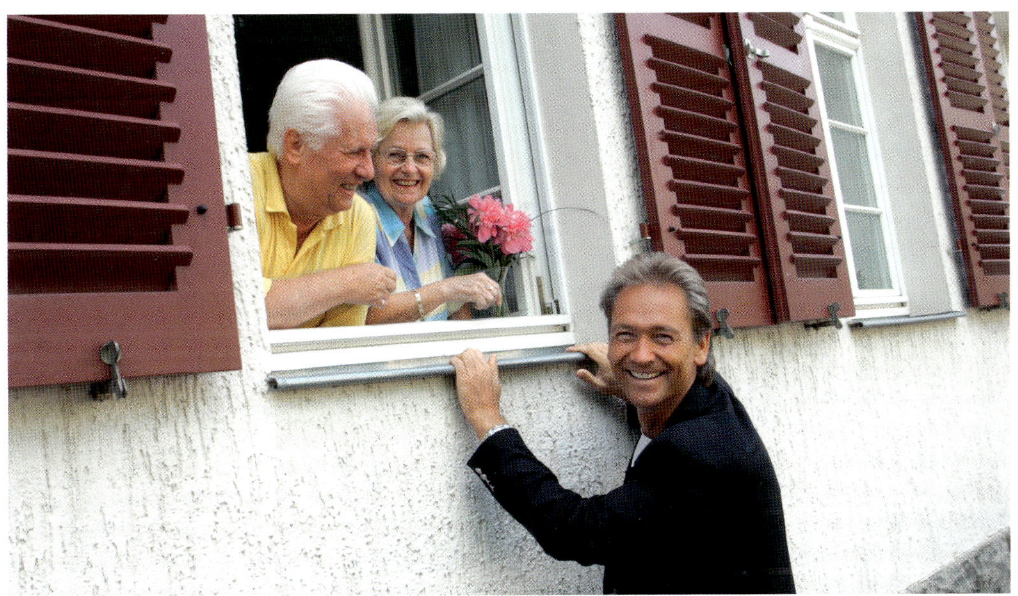

Im Juni 2005 drehten wir bei der Aufzeichnung der MDR-Sendung zu meinem zwanzigjährigen Bühnenjubiläum in Dresden auch eine Szene mit meinen Eltern.

von Papa zu verabschieden. Und dann diese Momente: Der Sargdeckel geht zu – der Bestattungswagen fährt ab – auf Nimmerwiedersehen. Diese Bilder bekommst du nie mehr aus deinem Kopf.

Leider ging nach dem Tod meines Vaters auch der Lebensinhalt meiner Mama nach und nach verloren. Sie hatte meinen Vater viele Jahre hingebungsvoll und aufopfernd zu Hause gepflegt.

Zudem kriselte es seit langem in meiner Ehe. Ich war kaum noch zu Hause. Pendelte immer zwischen Deutschland und Mallorca. Manchmal war ich aufgrund meiner Arbeit ganze Wochen nicht zu Hause. Dabei blieb die Liebe auf der Strecke, Andrea und ich haben uns immer weiter voneinander entfernt. Wir waren zusammen – und doch nicht mehr zusammen.

Ich wusste, es muss sich etwas ändern, und ich entschied, zurück nach Dresden zu gehen, auch um meiner Mama nahe zu sein und ihr Beistand zu geben. So zog ich in eine Wohnung im Haus meines Freundes Trossel ein.

Ich war also wieder in Dresden, kümmerte mich gemeinsam mit meinen Geschwistern um meine Mama und arbeitete mit meinem Produzenten David Brandes an dem Album *Stationen*. Die Plattenfirma Koch Universal Records schrieb damals: *»Stationen« des Lebens klingt nach einem Resümee des Lebens, in jedem Fall aber nach einem nachdenklichen Blick zurück. Olaf Berger hat sich mit seinem neuen Album getraut, die Vergangenheit an sich vorübergleiten zu lassen und einschneidende Episoden in herrliche Schlager umzumünzen.*

Doch kaum war das Album im April 2012 erschienen und unser Ehe-Aus öffentlich verkündet, bekam meine »herrliche Schlagerwelt« einen weiteren Riss. Am 14. August 2012 starb mein langjähriger Freund und Manager Happy völlig überraschend und viel zu früh an einem Herzinfarkt. Er war gerade einmal sechsundfünfzig Jahre alt.

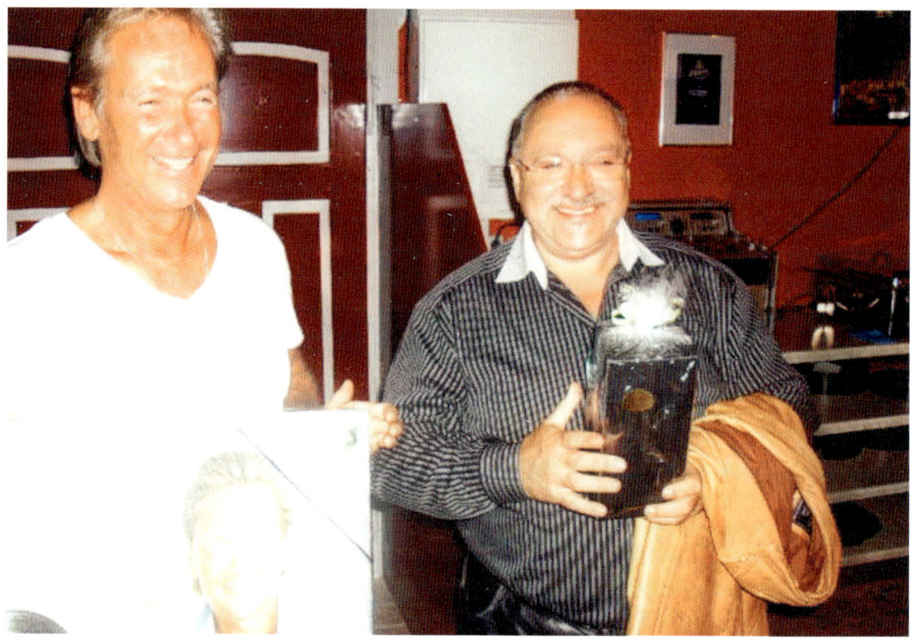

Bei einem Fanclubtreffen in Schwedt überraschten die Fans auch Happy mit einem Präsent.

Ein Mensch kann viel ertragen, aber wenn in so kurzer Zeit zwei deiner liebsten Weggefährten von dir gehen, fragst du dich: Was soll denn jetzt noch alles passieren?

Es dauerte keine zwei Wochen, da passierte tatsächlich etwas. Ich bemerkte in dieser Zeit an meinem Hals unterm Ohr eine kleine Geschwulst. Na ja, dachte ich zunächst, das wird ein geschwollener Lymphknoten sein, da kündigt sich sicherlich eine Erkältung an. Beim regelmäßigen Rasieren fühlte ich dann aber, dass dieser Knoten immer größer wurde. Ich dachte mir: Du solltest mal zum Arzt gehen. Also bin ich hin zur MedAk, dem Universitätsklinikum Carl Gustav Carus Dresden. Sicherheitshalber wurde ein MRT veranlasst, und man stellte fest, dass es sich bei meinem »geschwollenen Lymphknoten« um einen Tumor an der Ohrspeicheldrüse handelt. Der sollte schnellstens entfernt werden, um abzuklären, ob er gut oder bösartig ist. Doch damit nicht genug: Wenn dir der Arzt im vorbereitenden Aufklärungsgespräch auch noch mitteilt, dass es durchaus Operationsrisiken wie eine bleibende Gesichtsnervenlähmung gibt, dann verfällst du schon mal in Panik.

Mein Kopfkino fing an zu rotieren, und die Welt brach unter mir zusammen. Könnte es etwa passieren, dass ich nie wieder richtig singen kann? Soll so mein Abschied von der Bühne aussehen? Ich hatte schließlich mein Leben lang als Sänger meine Brötchen verdient. Ich hatte plötzlich solche Existenzängste und wusste nicht, was die Zukunft bringt.

Bereits vier Tage später lag ich auf dem OP-Tisch und fieberte wenig später dem Befund entgegen. Zu meinem Glück war der Tumor gutartig. Das war beruhigend und natürlich das Allerwichtigste. Zu meinem Unglück aber konnte ich nach der OP meine rechte Gesichtshälfte tatsächlich nicht mehr bewegen. Der Gesichtsnerv war »beleidigt«. Der Professor formulierte es so. Er erklärte mir, dass der Tumor ganz nah am Gesichtsnerv angelegen habe und dieser Nerv nun wahrscheinlich »beleidigt« sei. Klingt irgendwie lustig, aber so wird es tatsächlich genannt.

Mir war nicht zum Lachen zumute, und ich muss sagen, es war auch gar

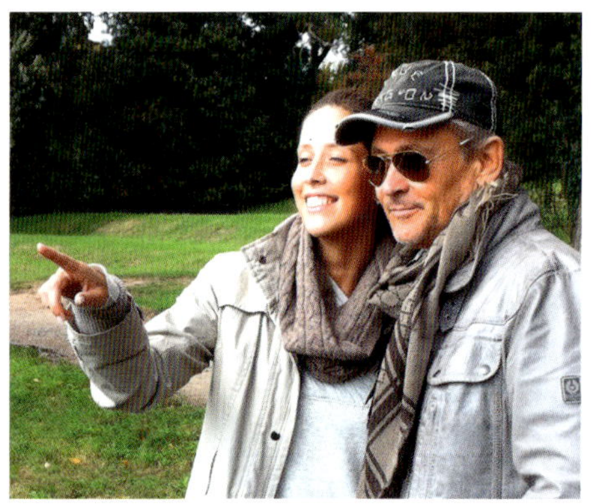

Maria war mir in dieser schwierigen Zeit eine große Unterstützung.

nicht möglich. Wenn ich schmunzelte oder lachte, rührte sich auf meiner rechten Gesichtshälfte einfach gar nichts. Der Mundwinkel blieb unten. Das würde sich natürlich auch bei meinen Veranstaltungen nicht gerade vorteilhaft bemerkbar machen. Von wegen positive Ausstrahlung und »Sonnyboy« und immer fröhlich ins Publikum lächeln. Als ich meinen Arzt fragte, wie lange der Nerv denn nun beleidigt sein werde, antwortete er: »Bei manchen geht es schnell, andere brauchen Jahre.« Das waren ja tolle Aussichten.

Bei mir dauerte es zum Glück »nur« ein halbes Jahr. Noch schneller ging es jedoch, bis ich erneut von den Beinen gerissen wurde: Im November 2012 starb meine geliebte Mama. Sie hatte den Tod meines Vaters nie verkraftet. Für mich brach die Welt erneut zusammen. Erst der Tod meines Vaters, dann das Scheitern meiner Ehe, Happy starb, dann kam der Tumor und schließlich musste ich um meine Mutter trauern. Das alles in anderthalb Jahren.

Es war zu viel für mich. Ich war drauf und dran zu zerbrechen. Ich zweifelte an der Sinnhaftigkeit des Lebens. Nur Schaftabletten verschafften mir ein paar Stunden Ruhe. Aus diesem Teufelskreis zu entkommen, war nicht leicht.

Trotz allem musste ich in dieser Zeit funktionieren, auf der Bühne stehen und abliefern. Keiner wollte dort einen »heftig angeschlagenen oder zweifelnden« Olaf Berger sehen. Das Showkarussell drehte sich unablässig weiter. Doch die Bühne hat mir auch unheimlich geholfen. Ich konnte abschalten, wenn auch nur für die Stunden während eines Konzerts.

Zum Glück gab es in dieser schweren Phase meines Lebens Menschen, die mich aufgefangen haben und mich nicht untergehen ließen. Meine Tochter stand fest an meiner Seite und besuchte mich oft in Dresden. Meine Ge-

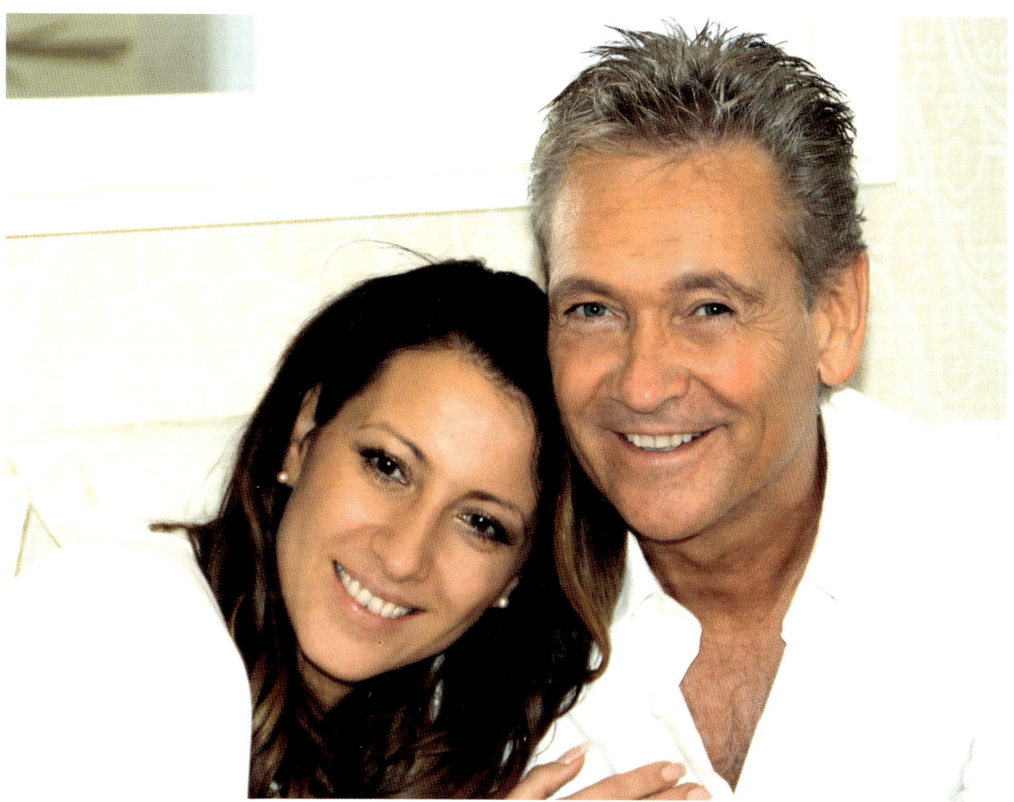

Julia und ich am Tag unserer Hochzeit, 14. Dezember 2015

schwister und Trossel waren immer für mich da. Und, man mag es nicht glauben, das Schicksal meinte es doch wieder gut mit mir. Ich habe in jener Zeit wieder lieben gelernt: meine wundervolle Frau Julia. Mit ihr habe ich erfahren, dass man mit der Liebe wieder das Schöne spürt. Du kannst schnell am Leben verzweifeln und zugrunde gehen, aber wenn wieder Liebe im Spiel ist, du dich gar *neu* verliebst – das heilt.

Eines hätte ich mir sehr gewünscht: dass meine Eltern erlebt hätten, wie sie durch meine Tochter Maria Urgroßeltern wurden. Für mich, als frisch gebackener Opa, ist es das Schönste, die kleine Nora in den Armen zu wiegen. Besonders in diesen Momenten weiß ich umso mehr: Liebe heilt.

The Girl from Ipanema

Dass man Arbeit und Urlaub auch verbinden kann, habe ich aufs Schönste im Frühjahr 2016 mit meiner Julia erlebt. »Schlager unterm Zuckerhut« hieß die Sendung, die uns bis nach Rio de Janeiro führte. In Vorbereitung der Olympischen Spiele produzierte GoldStar TV für Sky diese Sendung in Brasilien. Gastgeberin war die brasilianisch-deutsche Sängerin und Moderatorin Fernanda Brandão. Meine Videodrehs sollten eine Woche dauern. Kurzerhand entschlossen wir uns, zwei Wochen länger in Brasilien zu bleiben, um das Land zu erkunden und Urlaub zu machen.

Es war unser erster gemeinsamer Urlaub überhaupt und gleichzeitig unsere Hochzeitsreise. Und es war traumhaft. Sonne, Meer und Copacabana. Zudem konnte ich mir einen lang gehegten Wunsch erfüllen: einmal nach Ipanema. Das Lied »The Girl from Ipanema« ist eines meiner Lieblingslieder und begleitet mich seit meiner Kindheit. Mein Papa spielte es oft auf seinem Saxophon als Tanzeinlage, und es faszinierte mich damals vom ersten Ton an. Also sind wir in Ipanema, einem Stadtteil von Rio de Janeiro, in die Kneipe gegangen, in der das Lied einst entstand. Der Legende nach saßen Vinícius de Moraes und Tom Jobim, Texter und Komponist des Liedes, 1962 gern in der Bar *Veloso* und beobachteten die durch die Gasse vorbeiziehenden Leute. Dabei

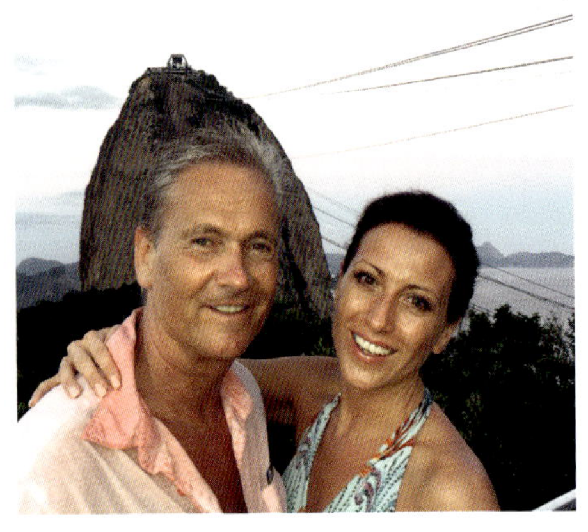

fiel ihnen ein Mädchen auf, das auf seinen täglichen Wegen oft an der Bar vorbeikam und dort regelmäßig Zigaretten für die Mutter kaufte. Wenn es hinausging, wurde es vom Hinterher-Pfeifkonzert der anwesenden Männer begleitet. Dieses Mädchen hieß Helô Pinheiro und war die Inspiration für das heute weltweit bekannte Lied. Erst 1965 erfuhr sie, dass sie das echte Vorbild war, und wurde danach eine kleine Berühmtheit in Brasilien.

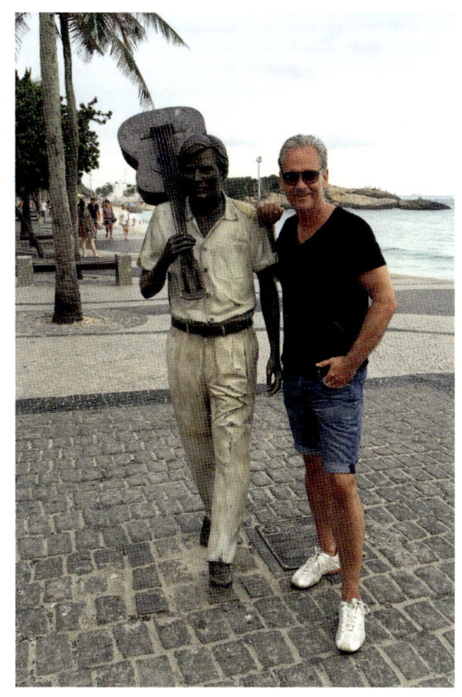

Noch heute hängt der Text des Liedes in der kleinen Bar, und zwischen Copacabana und Ipanema steht eine Statue des Komponisten. Die Bar atmet Geschichte. Dort vor Ort zu sein, war für mich fast irreal. Ein unglaublich schönes Erlebnis. Ich überlegte, wo die beiden denn gesessen haben. Welcher Blick war ihre Inspiration? Nicht nur als Mensch, sondern auch und besonders als Musiker war es für mich etwas ganz Besonderes, auf den Spuren vom »Girl from Ipanema« zu wandeln. Glücklich und ganz beseelt von den Eindrücken schlenderte ich mit *meinem* Girl Julia zurück ins Hotel an die Copacabana.

Welche Bedeutung das Lied für ganz Brasilien hat, spiegelte sich übrigens auch bei den Olympischen Sommerspielen in Rio de Janeiro wider. Die Maskottchen trugen zu Ehren der beiden Liederfinder die Namen Vinícius und Tom, und Helô Pinheiro gehörte zu den olympischen Fackelläuferinnen.

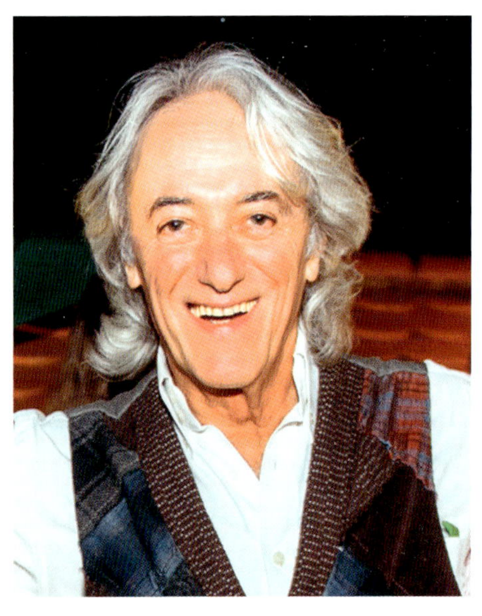

Eddy – Bergerstark und neue Wege

Eddy Bachinger gab mir nach der Zeit mit Jack White ein neues musikalisches Zuhause und nahm mich bei seinem 1980 gegründeten Label Palm Records & Songs unter Vertrag. Eddy ist ein deutschlandweit anerkannter Plattenpromoter, *der* Radiopromoter schlechthin, und hat tolle Produktionen mit mir gemacht.

Meine Haus- und Hofproduzenten Heiko Schneider, Markus Metz und Uwe Haselsteiner, allesamt sehr gute Musikanten, blieben mir treu und versahen meine Lieder mit einem erfrischenden Pop-Sound. Sie hatten bei Jack schon erfolgreiche Titel wie »Baila Baila«, »Wohin du auch gehst« und das Duett »Du und ich« für mich geschrieben.

Mit meinem neuen Album *Ich zeig dir meine Welt* bin ich dann das erste Mal mit Eddy auf große Sender-Tour gegangen, und wir haben die Radiostationen abgeklappert. Nicht umsonst heißt es ja: »Klappern gehört zum Handwerk«. Da ging es vom BR zum SWR, von Stuttgart nach Saarbrücken, weiter nach Köln und Eupen in Belgien, vom NDR zu Antenne Brandenburg und zum MDR. Es war eine intensive, aber auch schöne Zeit, denn von Eddy konnte man viel lernen. Wir waren tagelang unterwegs und rissen gemeinsam die Kilometer im Auto runter. Eddy sprudelte dabei vor Ideen. Einmal, wir promoteten gerade meinen Titel »Stark« vom gleichnamigen Album, mit dem wir noch während unserer Tour auf Platz eins der Airplay-Charts schossen, rief Eddy eine halbe Stunde vor Ankunft bei der Radiostation an, um uns anzukündigen: »Hallo, hier BB, Bachinger und Berger, und wir kommen mit unserer neuen Single ›Stark‹. Der Berger mit ›Stark‹ – einfach BERGER-STARK!«

Das wiederholte er auf der gesamten Tour. Ich habe mich köstlich amüsiert über Eddys Wortwitz und Schlagfertigkeit. Viele Telefonate liefen über die Freisprechanlage im Auto, und ich musste mir oft das Lachen verkneifen. »Bergerstark« hatte sich nach dieser Tour fest in meinem Hinterkopf verankert und sollte in meinem Leben noch eine große Rolle spielen.

Eddy war für mich fast so etwas wie ein Lehrmeister. Er erklärte mir die Hintergründe des Musikbusiness, zeigte mir, wie man ein Thema richtig gut verkauft, und gab mir einige Tipps und Tricks mit, die für meine heutige Arbeit goldwert sind. Lustigerweise fuhr Eddy nie ohne Navigationssystem von A nach B, obwohl er die Strecken zwischen den Funkhäusern, Medienanstalten und Hotels eigentlich aus dem Effeff hätte kennen müssen, so oft wie er hier unterwegs war. Aber Eddy setzte sich immer ins Auto, nahm sein mit der Hand geschriebenes Adressbuch und tippte jede noch so kleine Strecke in die Navigationshilfe. – Ich hoffe sehr, wir können sie noch einmal gemeinsam nutzen. Eddy, ich baue auf dich.

Nachdem Palm Records 2014 von Telamo übernommen wurde und ich dort noch drei Alben veröffentlicht hatte, entschloss ich mich 2019 mein eigenes Label zu gründen. Ich dachte mir: Jetzt ist der richtige Zeitpunkt, neue Wege zu gehen. Wann, wenn nicht jetzt? Mein Vertrag lief gerade aus, was mir die Möglichkeit gab, noch einmal neu durchzustarten, diesmal ohne quälende Optionen. Bisher hatte ich meine Rechte immer brav an Produzenten, Firmen und Verlage übertragen und eigentlich nichts »Eigenes« in der Hand. Das wollte ich ändern.

Klar, nun würde ich alles selbst finanzieren müssen und das unternehmerische Risiko tragen, aber das nahm ich gern in Kauf – und obendrein all meinen Mut zusammen. Ich gründete mein eigenes Label und nannte es – wie konnte es anders sein – Bergerstark, denn auch im Austausch mit meiner kreativen Fanbase spielte »bergerstark« immer wieder eine große Rolle.

Aus meinem Song »Echt« und dem Wortspiel mit »bergerstark« wurde dank meiner Fans auch gleich der Name meines ersten eigenen Albums geboren: *ECHT BERGERSTARK*.

Sicherlich hat sich auch im Musikgeschäft in den letzten Jahren viel verändert. Es gibt nur noch ein paar große Firmen und nur wenige, die richtig Geld in die Hand nehmen, um in die Künstler zu investieren. Es sei denn, du bist ein Top-Act oder sie glauben richtig fest an dich. Die meisten Künstler kümmern sich heutzutage um fast alles allein: Produktion, Auftritte, Promo. Sein Geld verdient man größtenteils mit Live-Auftritten und Merchandising. Denn: Von Spotify und Co. wird der Künstler selten froh. Für mich lag es deshalb auf der Hand, in meine eigenen Produkte zu investieren. Wie haben wir früher immer gesagt: »Meine Hand für mein Produkt.«

Nach meinem Label gründete ich meine Edition bei einem Verlag und kniete mich in die Arbeit. Vor allen Dingen war mir eines wichtig: Ich konnte mir nun meine Wünsche und Träume erfüllen und brauchte niemanden darum zu bitten. Das beste Beispiel war meine erste eigene Produktion »Die schwarze Lady«, eine Coverversion des Klassikers »Lady in Black« von Uriah Heep. Eben jenes Lied, das ich schon als junger Bursche mit meinem Bruder Gegge rauf und runter gespielt hatte. Ich habe die »Schwarze Lady« veröffentlicht, und sie wurde für mich der erfolgreichste Song der letzten Jahre, er hat mich durch die Medien getragen. Anfang 2019 startete ich bei »Wenn die Musi spielt«, der Co-Produktion vom Österreichischen Fernsehen mit dem MDR. Weiter ging es in vielen großartigen Sendungen: »Die Schlager des Sommers« mit Florian Silbereisen, »50 Jahre Kulturpalast« in Dresden, »Die Ross Antony Show«, die Silvesterparty im MDR und viele Sommershows. Ich stellte erfreut fest: Meine Entscheidung für ein eigenes Label war bergerstark.

Ich habe noch viele Ideen und Träume und freue mich auf alles, was noch kommt. Meine Erfahrungen mit Ängsten, Krankheiten und Verlusten haben aber auch mir gezeigt, dass alles im Leben endlich ist. Umso wichtiger, dass man die Zeit und den Augenblick genießt. Ob auf der Showbühne oder der Bühne des Lebens.

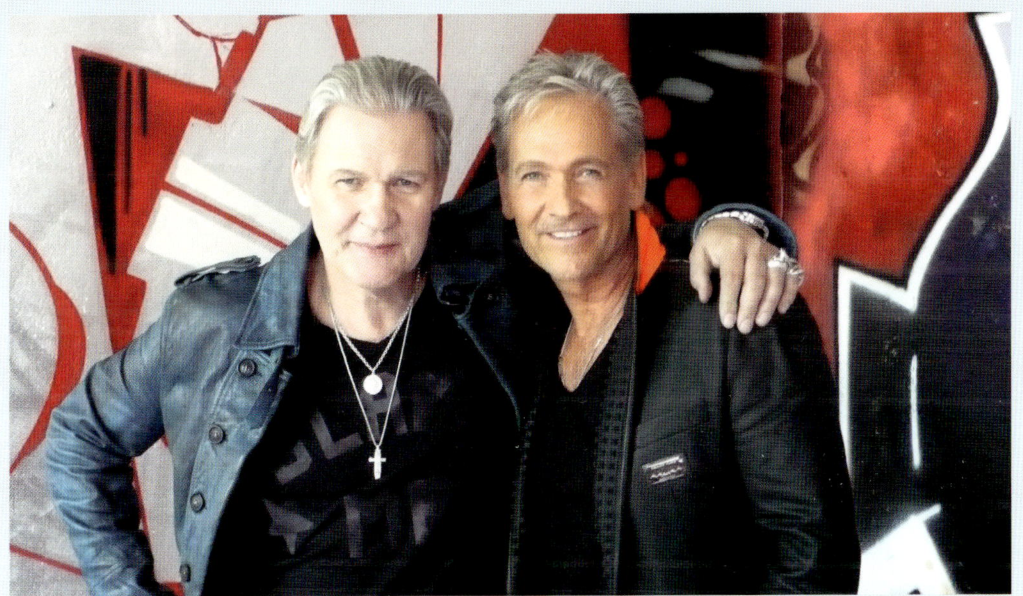

Johnny Logan und ich im Mai 2015 beim Videodreh zu unserem Song »The Way She Looks At You (So sieht sie mich nicht)« in Dresden

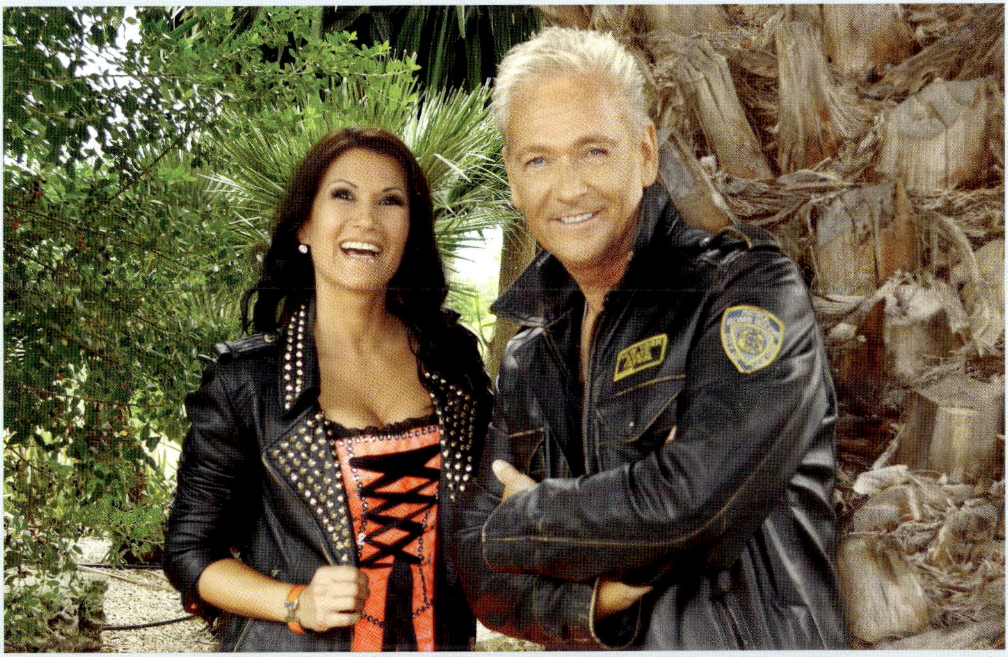

Mit Antonia aus Tirol beim Covershooting für unsere CD »Was wäre wenn wir Single wär'n« auf Mallorca

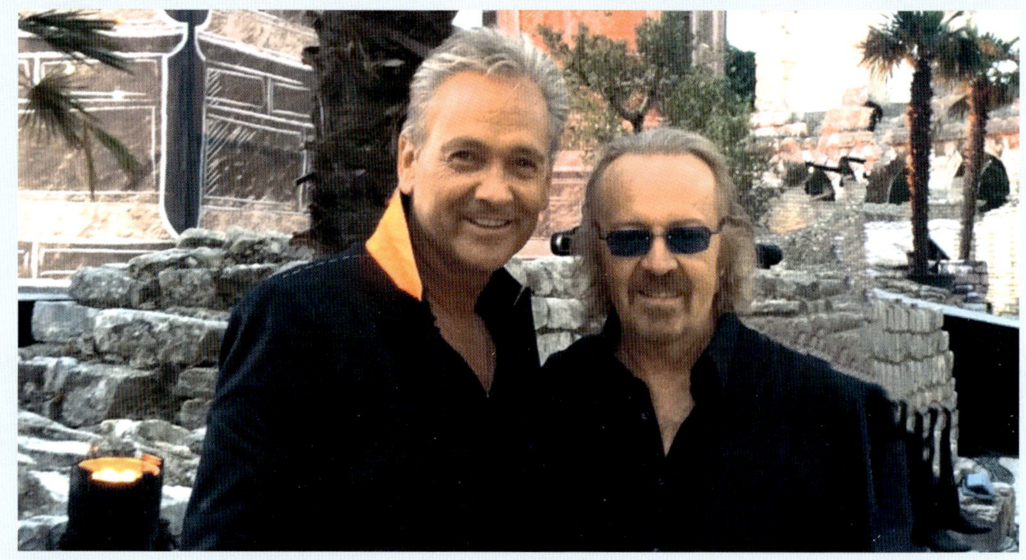

Beim »Musikantenstadl« in Pula lernte ich Umberto Tozzi, eines meiner Idole aus der Jugend, persönlich kennen. Im September 2022 wurde meine deutsche Coverversion seines Hits »Tu« veröffentlicht.

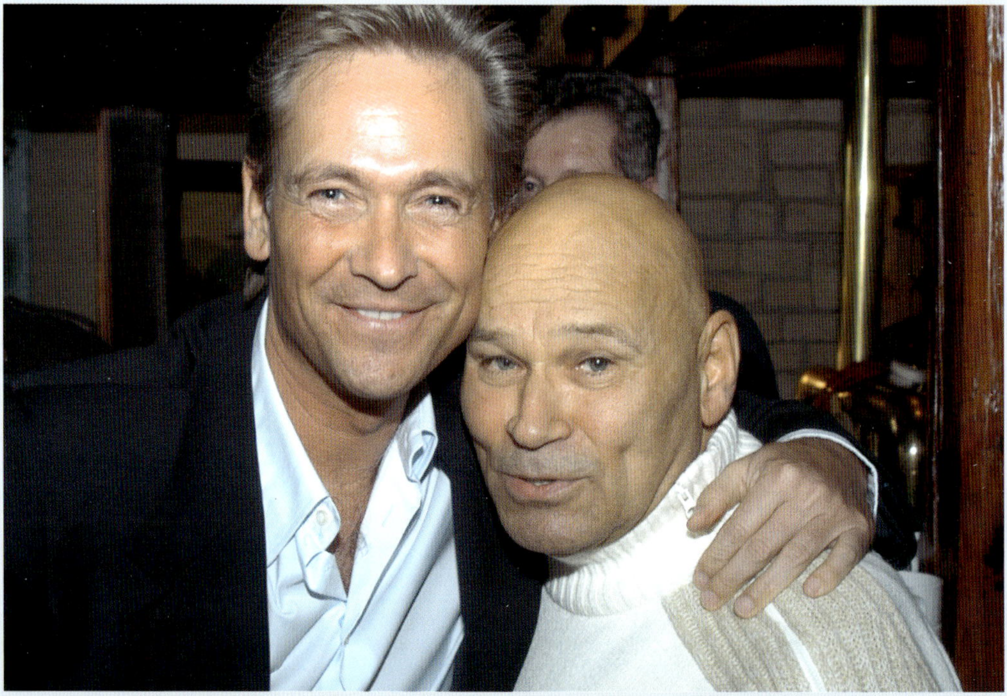

Mit meinem Förderer, dem Texter Dieter Schneider. Er starb kurz vor Veröffentlichung dieses Buchs im September 2023 im Alter von 86 Jahren.

Dresden

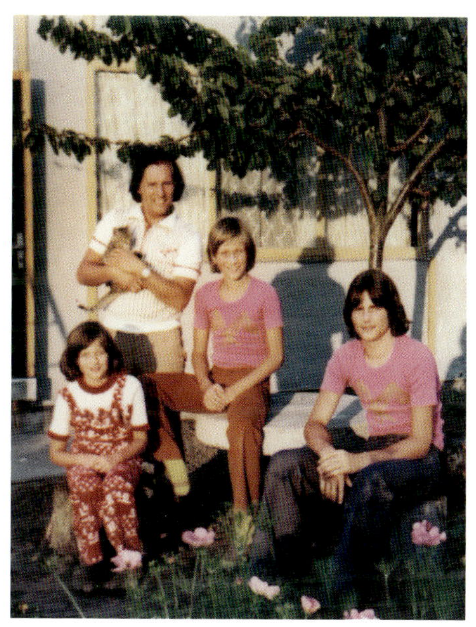

Odel, Papa, Oli und Gegge (v. l.): ein Sommerabend in unserem Schrebergarten

Dresden. Meine Heimatstadt. Hier bin ich geboren und aufgewachsen, und hierher bin ich immer wieder zurückgekehrt. Dresden, meine kleine heile Welt.

Ich erinnere mich an »Fleischer Laube«: Die Chefin persönlich hat meiner Mama manchmal eine Lende zugesteckt, fein eingeschlagen in Packpapier verschwand sie schnell in der Einkaufstasche. Sollte ja nicht jeder wissen. Da war der Gemüsehändler am Postplatz, der uns immer sehr gewogen war. Unser Schrebergarten, nicht weit von unserer Wohnung entfernt, zu Fuß zwanzig Minuten, hinten am Sportplatz von Empor Tabak vorbei: ein kleines Paradies mit Laube, Stachelbeer- und Johannisbeersträuchern, Erdbeeren und Radieschen, ein Stück Wiese gab es auch. Dort hat sich Mama gern ihren Liegestuhl hingestellt und sich in praller Sonne gebräunt. Wir Kinder planschten derweil in Papas selbstgemauertem kleinen Wasserbecken. Später wurde dieser Ort die »Liebeslaube« meines Bruders.

In meiner Erinnerung sehe ich die Handgelenktasche meines Papas. Da waren immer ein paar Kronen und Forint vom vergangenen Urlaub drin. Mamas Kittelschürze. Die Schrankwand im Wohnzimmer mit Stereo Radio und Kassettenrekorder. Wenn man die Tür an der Schrankwand aufmachte, roch es nach der weiten Welt. Nach Hâttric, Tabac und Old Spice, den Lieblingsparfums aller Dresdner Väter.

Ich sehe die Kalender meines Papas, fein abgelegt aus den Vorjahren. Darin, schön in Spalten notiert, die Auftrittsorte der verschiedenen Jahre. Ich habe mir die Kalender vom Stapel gemopst und meine Landkarte ausgebreitet. Ich kreiste mit einem Stift die Städte ein, in denen mein Papa war. Mit dem Finger bin ich auf der Karte die gesamte Tournee abgefahren und hielt an jedem Auftrittsort. Ich lernte die Namen der Städte und kannte sie bald auswendig, obwohl ich nie dort war. Die Sehnsucht nach der Ferne klopfte damals schon in meiner Brust.

Ich mochte Clown Ferdinand und hatte sogar ein Clown-Ferdinand-Maskottchen. Welche Tragik, als es an der Ostsee plötzlich verschwunden war. Ohne Clown Ferdinand mochte ich nicht nach Hause fahren. Zum Glück haben wir ihn gefunden, und ich konnte weiter davon träumen, mit ihm gemeinsam im Zirkuswagen um die Welt zu reisen. Andere Länder zu entdecken, andere Gewürze zu schmecken. Bei uns im Haushalt gab es nur drei Gewürze: Pfeffer, Salz, Paprika. Wenn man es nicht anders kennt, stellt man keine Fragen. War ich zum Essen bei meinem Schulfreund und später bei meiner Freundin eingeladen, schmeckte das Essen immer etwas anders. Hier verwendete man Knoblauch, Oregano oder Rosamarin. Das hat mir gefallen. Der Reiz des Anderen, das Ausprobieren des Ungewöhnlichen war immer in mir drin. Und irgendwann auch das Verlassen meiner kleinen heilen Welt.

Mein Dresden. Vielleicht hast du es mir auch übelgenommen. Aber verzeih, ich bin immer wieder zu dir zurückgekommen. Denn einmal Dresdner, immer Dresdner. Ich bin geprägt von dieser Stadt.

Wie jeder Dresdner habe auch ich als Kind den Erzählungen meiner Eltern und Großeltern gelauscht, wenn sie von ihren Erlebnissen während des Krieges berichteten. Mein Papa war selbst Kind, als der Krieg ausbrach. Er erzählte uns vom Bombenangriff auf seine Heimatstadt. Dieser 13. Februar 1945 ist für alle Dresdner ein Trauma, dass sich über Generationen hinweg hält. Papa hat uns die Mauer gezeigt, an der er im Keller kauerte, während über der Stadt die Bomber kreisten. Er erzählte vom Pferdefleisch, das sie gegessen haben, von den Leiterwagen mit Leichen. Das war fesselnd und erschreckend zugleich. Er erzählte von Opa. Wie er nach dem Krieg Zigaretten gegen Nahrungsmittel tauschte, und wie kostbar es war, wenn es mal Schwarzbrot mit Speck gab. Wir Kinder probierten das dann gleich aus und haben es oft gegessen. Meine Mutter erzählte von Graupa, als die Russen kamen. Über die Freude der Befreiung und das Ende des Krieges und die gleichzeitige Angst vor den Grausamkeiten der Sieger. Oma erzählte fast nie von diesen Dingen. Viele Frauen und Männer dieser Generation waren Meister der Verdrängung.

All das hat mich geprägt, als Dresdner und Erdenbürger.

Bei einem meiner Besuche in Dresden, ich wohnte schon auf Mallorca, fuhr ich mit dem Taxi über das Blaue Wunder, eines der Wahrzeichen der Stadt. Der Dresdner Taxifahrer kannte mich und ließ es sich nicht nehmen, mir in schönstem Sächsisch mitzuteilen, was er davon hält, dass ich meiner Heimatstadt den Rücken zugekehrt habe. Er sagte nur: »Gugge hier, ’s Blaue Wunder. Gannste ni vergleichen mit deim Majorga!« – Herrlich, ich liebe diesen Dialekt. Hab ihn ja selbst nie losgekriegt.

Aber vergleichen will ich gar nicht. Wie sagte einmal ein kluger Mann: »Das Vergleichen ist das Ende des Glücks und der Anfang der Unzufriedenheit.« Ich finde, jeder soll glücklich werden, wo er will und wo er sich wohlfühlt. Und auch wenn ich im Laufe der Jahre in Bayreuth, Berlin und auf Mallorca wohnte, war mein Herz doch immer ein Stück in meiner Heimatstadt Dresden.

Manchmal, wenn es mir möglich war, habe ich Freunden und Sängerkollegen voller Stolz die Stadt gezeigt, in der ich aufgewachsen bin. Sie ist wieder ein richtiges Schmuckstück geworden.

Es kommt so oder so

Dieses Buch ist nun fast zu Ende. Ich hoffe, es hat Ihnen Spaß gemacht, darin zu stöbern. Es war gar nicht so einfach, sich an all die Geschichten zu erinnern und sie in die richtige Form zu bringen. Mein Co-Autor Micha Seidel, den ich noch vom *Schauorchester Ungelenk* kenne, sie wissen schon, der mit dem Vogel auf der Brille, war mir eine große Unterstützung, um die aus mir heraussprudelnden Erinnerungen, Gedanken und Emotionen aufs Papier zu bringen. Manches ist dabei sicherlich zu kurz gekommen oder hat nicht mehr in aller Ausführlichkeit zwischen die Buchdeckel gepasst. Zum Beispiel mein tolles Duett mit dem irischen Superstar und dreimaligen Gewinner des Eurovision Song Contests, Johnny Logan: Anlässlich meines dreißigjährigen Bühnenjubiläums schrieb er für uns beide das Lied »The Way She Looks At You (So sieht sie mich nicht)«, mit dem wir unsere Weltpremiere in Pula in Kroatien bei Andy Borgs »Musikantenstadl« feierten und in vielen weiteren Fernsehshows zu Gast waren. Ein Highlight war natürlich auch die Show zur Verleihung der »Goldenen Henne«. Damit erfüllte sich für mich ein langgehegter Wunsch, und es war mir eine Ehre, gemeinsam mit Johnny auf meine anschließende Jubiläumstour zu gehen. Auch mit Antonia aus Tirol und Chip Hawkes, dem Sänger des Welthits »Silence Is Golden« von *The Tremeloes* hat es viel Spaß gemacht, und ich glaube und hoffe, dass dieser Spaß an meiner Arbeit sich auch auf meine Fans übertragen hat. Denn *das* ist mir am wichtigsten: Menschen etwas zu geben, ihnen ein Lächeln ins Gesicht zu zaubern und sie für einige Momente den Alltag vergessen zu lassen. Momente, die mir zeigen, wie schön und wertvoll mein Beruf als Sänger ist. Meine langjährigen Fans sind mit mir gemeinsam »reifer« geworden, viele begleiten mich treu seit Anfang meiner Karriere. Nur bringen sie heute halt ihre Kinder, manche sogar schon ihre Enkel mit. Was kann es Schöneres geben.

Da fällt mir noch eine kleine Geschichte ein, die eigentlich gar nichts mit der Bühne zu tun hat. Einmal, als ich mit meinem Auto von Dresden nach Plauen unterwegs war, es war noch zu DDR-Zeiten, stand mitten im strömenden Regen ein Soldat an der Autobahn und hielt den »Finger in den Wind«. Er trampte und wollte bei diesem Mistwetter schleunigst nach Hause zu seiner Freundin. Ich hielt an und nahm ihn mit. Das konnte man damals noch auf der Autobahn, es war ja kaum Verkehr. Mein Kofferraum war voller Blumen, die ich vorher bei einer Veranstaltung bekommen hatte. Am Zielort angekommen, öffnete ich den Kofferraum, und er stellte sich schnell einen wunderschönen Strauß zusammen. Er dankte mir, und wir verabschiedeten uns in der Gewissheit, niemals wieder etwas voneinander zu hören. Viele Jahre später meldete sich sein Sohn bei mir und schrieb, dass sein Vater noch heute gern diese kleine Episode zum Besten gibt und nie vergessen hat, dass ich ihn pitschnass auf der Autobahn aufgelesen habe. Mit seiner damaligen Freundin ist er noch heute glücklich verheiratet.

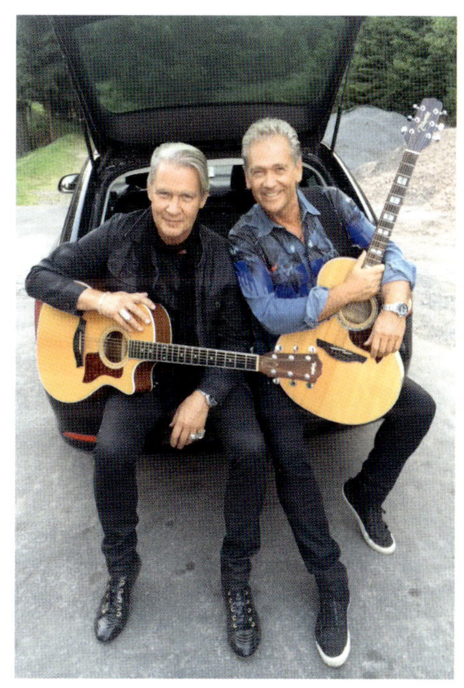

Johnny Logan und ich in einer Drehpause der TV-Aufzeichnung »Musik für Sie«, Juli 2015

An solchen kleinen Momenten des Lebens habe ich meine Freude, und ich bin dankbar dafür, dass mir mein Künstlerdasein diese Momente geschenkt hat. Die Möglichkeit, für andere da zu sein, zu singen und mein Hobby Nummer eins als Beruf zu leben, ist für mich die Erfüllung schlechthin.

Ich merke gerade: Das klingt fast, als wäre bald Schluss damit. Nein, nein! Keine Angst. Ich habe noch viele Pfeile in meinem Köcher. Ich werde weiter Lieder singen, eigene Alben produzieren, um für meine Fans da zu sein. Und das Live-Geschäft ist für mich nach wie vor die Krone meines Berufs. Unterwegs zu sein, bedeutet für mich alles. Ich singe genauso gern auf kleinen wie auf großen Bühnen. Mein Traum ist in Erfüllung gegangen: Dieses Muggerdasein ist genau das, was ich wollte. Das Wichtigste ist: Egal wo du spielst, die Qualität muss stimmen! Diesem Anspruch versuche ich, mein ganzes Musikerleben lang treu zu bleiben.

Ich bin gespannt auf das, was noch vor mir liegt, und würde mich freuen, Sie weiterhin an meiner Seite zu wissen. Wie es wirklich kommt, weiß sowieso keiner vorher.

Ein kleines Lied begleitet mich seit den Anfangstagen meiner nun schon fast vierzigjährigen Bühnenkarriere. Arnold »Murmel« Fritzsch hat Mitte der 1980er Jahre diese Verse von Dieter Schneider vertont. In dem Lied heißt es:

Es kommt so oder so,
es wird traurig oder froh.
Es heißt ja oder nein,
es kann sein und doch nicht sein.
Es kommt so oder so,
irgend- oder nirgendwo.
Es wird leicht oder schwer,
aber wer weiß das vorher?

Was soll ich sagen: Genau so war es, und so wird es sein.

Ich danke Ihnen für Ihre Aufmerksamkeit.

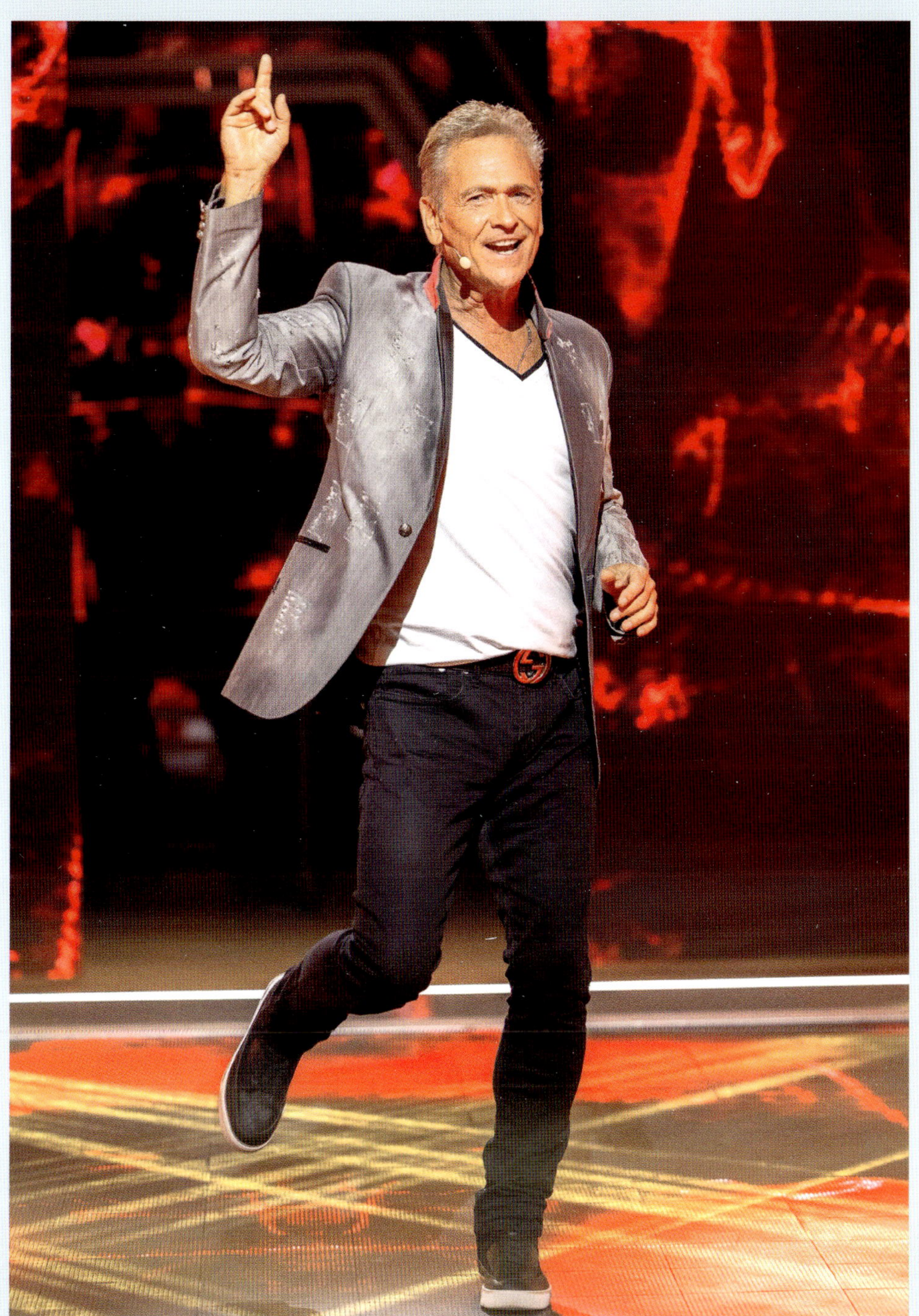

Bildnachweis

Alexander Schröter (Foto Schröter, Riesa): S. 136 (o.)

Ernst Rentzsch (Privatarchiv Olaf Berger): S. 65

Foto-Koch, Dresden: S. 25

Hansjoachim Mirschel (Privatarchiv Olaf Berger): S. 56

Manfred Esser (Privatarchiv Olaf Berger): S. 136 (u.)

Manfred Gößinger: S. 106, S. 152 (u.)

Peter Schutti: S. 151 (u.)

picture-alliance/ZB|Ulrich Hässler: S. 27; picture-alliance/dpa/dpaweb|Andreas Weihs: S. 50, 131, 141; picture alliance/zb|Klaus Winkler: S. 63; picture-alliance/ZB|Günter Gueffroy: S. 67; picture-alliance/United Archives/Stingl: S. 77 (u.); picture-alliance/ZB|Kalaene Jens: S. 101 (o.); picture alliance/United Archives|United Archives/kpa: S. 125 (u.); picture alliance/zb|Klaus Winkler: S. 130; picture alliance/Geisler-Fotopress|Michael Kremer/Geisler-Fotopress: S. 159

Alle übrigen Abbildungen stammen aus dem Privatarchiv von Olaf Berger.

Es war leider nicht in allen Fällen möglich, die Rechteinhaber zu ermitteln. Berechtigte Ansprüche bleiben gewahrt.